観光化する社会

Sudo Hiroshi
須藤 廣 著

観光社会学の
理論と応用

The Tourization of Society

ナカニシヤ出版

はじめに

観光関係の文章を書くときには、いつも私は、旅を愛していることを最初にほのめかすようにしている。これは、たぶん最初に「告白」をしておけば、相手を多少けなしても、それはそれでご愛敬と許してもらえると無意識に思っているからかも知れない。今回もその手でいこうと思う（こう言ってしまったからには、もう既に「無意識」とは呼べないけれど）。

私は観光一般が好きである。学生のころからずっとバックパッカーを続けていて、貧乏旅行こそ新鮮な発見のある旅だと心のどこかで思ってはいるが、パック旅行でもバスハイクでも単なるドライブでも、出かけることなら実は何でも好きである。貧乏旅行ばかりでなく、クルーズ船にも乗ってみたいし、高級旅館にだって泊まってみたいとも密かに思ってもいる（この手の旅行は、未だに何一つ実現したことはないが）。また、自分の町が観光で賑わうこともけっして悪いことだとは思っていない。町の屋台で外国人観光客と仲良くなり、町が観光地として評価されることに嬉しくなって——九州の屋台文化と焼酎文化をこよなく愛しているので——ついつい調子に乗って町を案内したりなどしてしまう。観光のボランティア団体やＮＰＯにも、研究のためではなく一市民として、足をつっこんだりもしている。だから、観光の批判をしながらも、観光の可能性に掛けるという立場を守ろうと、日頃は考えている（だからこそ、批判の論理を紡いでいくことが大切だと思っているのだが）。

観光関係の学会や研究会などによく出向く研究者は、大体似たような立場から観光を分析し、提言をしているように思う。観光産業をどうしたら成長させてゆくことができるかといった、観光振興に関するノウハウや管理技術を中心に追いかける研究者から、観光批判を主な論点としている研究者までかなり温度差はあるが、結局のところ観光の可能性を信じているという暗黙の了解事項が観光関係の学会にはある。私もそのなかの一人であり、観光の可能性を引き出すためにはどのような論理を紡いでゆけばよいのかずっと考えてきた。しかし、本書での論調は今まで私が書いてきたことと少し色合が異なり、観光に対して少し距離を置くものとなっている。

本書の主な視点は、ここ数年の少数民族の観光化をテーマとした海外調査を主な材料としつつ、特に、二〇〇七年の春に行った、アジアとハワイにおける少数民族の調査の経験にもとづいている（その後も補足の調査をしているが）。経験から視点を頻繁に修正するというのは、不誠実のようにも思えるが、フィールド・ワーカーにとってある程度は宿命だと思っている。本書の章のなかには、視点を修正する以前に書かれたものもあるが、本としてまとめるにあたって、かなり視点の修正を行った。社会学者にとって、視点や理論枠組みは、調査研究における経験をある方向に組織化するものであり、短期間の内に変えるものではない。短期間の経験が視点や理論枠組みを変えてしまうことは、実際にはあまりない。だがしかし、短期間であっても、実際の経験が理論枠組みなど簡単に超え出でてしまうこともある、というのもまた真実である。特に、ある種の〈聖なるもの〉を含む経験においては。

そもそもこのテーマに本格的に興味を持つようになったのは、二〇〇三年に訪問教員として米国ハワイ大学に約一年間滞在した時からである（社会学部の所属であったが、観光産業経営学部にもかなりかかわった）。その時に、ネイティヴ・ハワイアンたちの観光化反対運動（あるいは自前の観光を創る運動）のことを知った。特に、モロカイ島における、観光に関係した、先住民族復権運動には興味を持ち、サバティカルが終わり日本に帰国してからも、短期の調査であるが何度かモロカイ島に足を運んだ。七千人くらいしかいない島民たちとはいつしか顔見知りになった。しかしながら、今考え起こせば、二〇〇七年のフィールド・ワークを行う前までは、私は彼らの観光化反対運動や民族復権運動に対し、観光客と同じように、遠くから客観的な「まなざし」を向けていたように思う。

二〇〇七年のフィールド・ワークにおいては、二週間ほど運動家の家に泊まり、木を切り、雑草を刈り、ダムを作り、畑を耕しながら、彼らの文化観光づくりを手伝った（エピローグ参照）。ネイティヴ・ハワイアンの人たちと一緒に午前中は作業をし、そして午後は共にビールを飲みつつ彼らの話を聞きながら（彼らは基本的に暑い午後には仕事をしない）、彼らが信じている世界の奥深さ——第一章で触れようと思う〈魔 Zauber〉と言ってもいいだろう——

を垣間見たように思う。いつの間にか、彼らが島の自然と交渉し、先祖の霊と会話をする様を、通常の出来事として受け入れるようになっていた。作業中に一人でタロイモ畑に立っていると、風の音や波の音が、彼らの先祖の声のように聞こえてくるのが私にも分かった。私が世話になった、クム・フラ（フラの師匠）であるネイティヴ・ハワイアンの運動家は、フラの意味やチャント（祈り）の意味を、身体を使って教えてくれた。たぶん、私が二週間くらいの滞在でたどり着いたのは、まだまだ彼らの世界の入り口にしか過ぎなかったのかも知れない。それでも私は、彼らにとって〈魔術的〉世界は他に代えがたいものであり、それゆえに彼らが連帯して生きていること――「社会学的」には「連帯しているからこそ、〈魔術的〉に見える」という風に転倒して（話をつまらなくして）考えるのだが――そしてまた、誰もその〈魔術的〉世界を壊す権利を持っていないことを理解するようになっていた。

ネイティヴ・ハワイアンの復権運動をとおして、私は少数民族の観光化についてもっと知りたいと思うようになった。足はなじみの東南アジアに向かった。仕事以外で行くいつもの旅と同じように、世界中のバックパッカーのメッカ、バンコク、カオサン通りから旅をスタートさせた。趣味としての旅ではなく、調査のつもりで来てよく見れば、ここの住人（バックパッカー）もグローバリゼーションのさなか、先進国から追放された「少数民族」あるいは「亡命者」のように思えた（私も含めて）。

そんなことを考えながら、いつものようにのんびりと泊まっていた安ホテルのロビーで私は、欧米系旅行者が刃物で刺され倒れているのを目撃してしまった。比較的治安の良い――窃盗くらいは頻繁にあるが、凶悪事件のことはほとんど聞かない――この地区では珍しい光景ではあったが、それだけに異様な光景でもあった。ロビーの外で息絶え絶えになって救急車を待つ欧米系の被害者を、ホテルの従業員らしき男が介抱していた。何人かは遠くから見てはいたが、特に見物人が取り囲むこともなかった。そして、こともあろうに、カオサン通りの観光客たちの多くは、大量に血を流して倒れている被害者を面白がって写真に収め、笑いながら通り過ぎて行ったのだ。写真に収めたこの光景を、彼らは国に帰ってから友人に見せるのだろうか。こんな「野蛮」で「危険」なところを旅してきたのだと自慢しながら。このような殺傷事でさえ、ここでは単なる、カメラの「被写体」でしかないのか。

ここでも私はやはり〈魔〉を見たような気がした。それは、モロカイ島で見た身体が解き放たれる経験としての〈魔〉ではなく、井戸の底まで真っ逆さまに落とされたような寒々とした〈魔〉だった。あえて言えば「少数民族」の死だった。カオサンの「少数民族」たちには共感する力がなくなったのか。いや、そうではない。彼らは単に「バックパッカー」という種類の観光客で、助け合いながら生活する「少数民族」でも「亡命者」でもないのだ。そして、今やここは「バックパッカー産業」の街でしかない。見渡せば、ここには汚い格好をしたピッピー系バックパッカーの姿などもうない。たしかに、ここに集まる若者たちは——若者ばかりではなく、私みたいなオッサンもいるが——リュックを背負ったバックパッカーではある。しかし、この地区にはドミトリー式の安ホテルなどもう数少なくなり、中級ホテル（プールが付いたブティックホテルも増えてきた）が主流になりつつある。ここは、少なくとも、貧乏バックパッカーだけの街ではない。ここでの彼らの楽しみは、夜のクラビング——三百メートルほどのカオサン通りだけで、少なくとも三軒のクラブ・ディスコがある——であり、アイリッシュ・バーであり、ライブ・ハウスである。原宿や青山にあってもおかしくないようなおしゃれなレストランもあちこちにある。値段もけっして安くはない。何てことはない、ここは外国人がたむろするバンコクの「六本木」なのだ。ここに「少数民族」などいないのは当然なのである。そう納得した私はすぐさま夜行バスのチケットを買い、カオサンからメーホンソーンへ移動した。「本物の」少数民族、「首長族」に会いに行くためだ。

しかしここで私は、ハワイのネイティヴ・ハワイアンたちが観光化のスポットライトと引き換えに陥れられた罠よりも、もっと強制的な罠を見ることになる（第二章参照）。彼らは観光村に収容されている自分たちの状況を「human zoo（人間動物園）」と呼んでいた。ここで私はガイド付きでフィールド・ワークを行い、いったん日本に帰り、そしてまたメーホンソーンの彼らのもとに出向いた。二度目はガイドなしで彼らの家を訪ねた。ガイドなしで出向くと彼らは本音で話してくれた。同じようにベトナムの山岳地方、サパにも二度行き、少数民族の家に滞在した（サパの調査はこの本の中には入れていないが）。私が二十年前に「沈没」していた雲南省の大理にも、改めて二度行った。少数民族の友人がたくさんできた。そこで、私が見たのはグローバリゼーションのなか、ものすごいスピードで観光産業に組み込まれていく彼らの姿であった。

彼らのことを考えながら、今回は彼らの視点から書こうと思った。そうすると、どうしても観光批判の色彩が強くなってくる。この本では、観光の可能性についての言及はあまりない。その代りに、観光の名のもとに産業化された人々（われわれも含めて）はいったい何を売り、何を買おうとしているのかに焦点を当てたいと思った。繰り返すが、このことは私が観光の可能性を信じていない、ということを意味するものではない。

世界で起こっている「時間と空間の圧縮」の下、世界各地の少数民族の文化が現在、かつてなく観光のまなざしに晒されようとしている。市場（シジョウでなくイチバ）での取引以外に貨幣を使ったことがなかった人たちが、第一次産業から一足飛びに第三次産業に投げ出され、急速に市場経済に巻き込まれようとしている。もちろん、誇り高き少数民族たちは、「観光で」自分たちの文化を表現しようとするだろう。これを、観光を使った文化の「再定義」や「再構築」と観光学では――政治的「再定義」を批判するカルチュラル・スタディーズでさえ一面では――評価してきた。たしかに、文化とは、人々によって絶えず「再定義」され「再構築」されるものである。しかし、私が見てきたものは、むしろ「再定義」しなければ生きていけないような人々の生活状況だった。大きなローラーで上から一気に押しつぶし、平たくしたものを「魔の抜けた」商品として売り込む。アジアにおける文化の「再定義」とは、そんな力ずくのものに私には見えた。おそらく、現代の観光におけるグローバリゼーションの影響は、今までの観光研究では考えられないくらい強力なものなのかも知れない。

観光の名のもとに売ってはいけないものがある、と道徳家のごとく叫ぼうとは思わない。しかし、現在の観光は、少なくとも、今まで人々が商品とは考えなかったことをも、商品とするようになりつつあることだけは確かだ。自然や文化の強引な商品化に対抗するサステイナブル・ツーリズムの文脈では、「観光で」文化や自然を守る、とよく言われる。しかし、グローバリゼーションのもと、「観光で」守るのではなくて、「観光から」守らなければならないものもあるのではないか。観光を愛するものが持つはずのないような、そんな（あえて言えば「後ろ向きな」）感想を持って私は今一連の旅を一時中断し、こうして原稿に向かっている。この本はそんな私の旅の中間報告である。

各章は次のような構成になっている。

第一章では、〈再魔術化〉という言葉をキーワードとして、文化消費化する現代観光の意味を考える。この本の理論編である。

第二章では、「首長族」と言われ、観光客から「好奇心」を持った〈まなざし〉を向けられるタイの山岳民族「カヤン族」の観光化（「見せもの」化）について報告し、観光対象の〈客体化〉の意味について考える。

第三章では、十年来調査対象としている大分県由布院温泉における、観光化に対する住民の意識について考える。文化や人間関係を「商品化」せざるを得ない現代の観光のなかで、そこからどう距離をとるのかという実践が由布院温泉では行われてきた。ここでは、一連の実践の歴史に対する住民の評価とその温度差について考える。由布院温泉観光の可能性については多くの本で紹介されている。しかし、より重要なのは、その成功だけでなく、その困難について知ることなのである。困難性の内実が、現代観光についての可能性の隘路を暗示しているからである。

第四章では、福岡県北九州市の門司港地区の観光化をとおして、現在多くの地方都市で行われている「まちの観光化」の意味について考える。日本において、現在ほど、まちの「景観」や「にぎわい」について、人々が注目するようになったことはない。ここでは、観光化に対する住民の意識をあぶり出すことによって、まちを人工的に「イメージ化」することの「政治的」意味について考える。

第五章では、「商品化」を最も逃れているように見える「バックパッカー・ツーリズム」が、いかに「商品化」されつつあるのかについて一方で考えながら、同時に他方で、バックパッカー・ツーリズムの「商品化」の不可能性についても考える。バックパッカー・ツーリズムの二面性についての研究といってもいいのかも知れない。こういった二面性は多くの観光客が誰でも抱えているものだという含みを、この章から読み取ってもらえたらと思う。

エピローグである第六章では、一章から五章までの内容を、〈まなざし〉〈非日常性〉〈アウラの喪失〉というキーワードでもう一度整理し直し、さらに「観光化反対運動」のなかから、ぎりぎりのところで、自前の「観光」を作り出しているハワイのモロカイ島の島民の例をもとに、現代観光の可能性の隘路について考える。

第一章からエピローグまでのなかで、観光客――最近は「観光者」とするのが観光学では流行なのであるが、本書ではあえて「観光客」とした――を問題にしたのは、第五章だけであり、その他はみな観光地住民を対象としたものである。本来ならば、観光客研究ももう少し取り入れなくてはならないのかも知れない。観光とは観光地と、観光地住民と、観光業者（メディアも含めて）と、観光客との「関係」で成立しているのだから。足らないところは、読者の観光経験から補足してもらえたら嬉しい。

また、本書では、実際の観光地に関する記述が中心となっているので、分析に対する批判点が多くあることは覚悟している。また、気をつけたつもりであるが、事実関係の間違いもあるかも知れない。読者の反応を期待している。

目次

第一章　観光と再魔術化する世界

観光現象と集合的な幻想の優越

九州、長崎県、佐世保市の郊外に一七世紀のオランダをイメージしたテーマパーク、ハウステンボス（一九九二年開園）がある。一九八三年の東京ディズニーランド開園とその成功を横目で見つつ、総合保養地域整備法（リゾート法）に後押しされ日本各地に出現した「外国村」の一つである。[1]東京ディズニーランドと東京ディズニーシーを合わせた程の敷地面積を持つこのハウステンボスは、オランダの都市にあるような「飾り窓（売春地帯）」や「コーヒーショップ（ソフトドラッグを売る店）」等の「猥雑な」の部分は排除しつつ、風車や塔、運河や跳ね橋といった観光イコンを町中に効果的に配置し、オランダのどの町よりも「オランダらしく」作り上げた町である。この町は、単なるオランダの町のコピーではなく、実際の姿からは遊離した記号と象徴によるイメージの町なのである。[2]このテーマ

1　日本の「gaikoku mura 外国村」に関しては、Joy Hendry が『The Orient Strikes Back』のなかで日本文化が持つ複製表象の創造性を受けたものとして「評価」している。そのなかでもハウステンボスはその特徴を顕著に持つ［Hendry, 2000］。

写真 1-1　ハウステンボス

パークのテレビＣＦに次のようなものがある。[3]

オランダの町並みが映し出され、そこを旅行中の太めの中年日本女性が「うわー、ハウステンボスみたい」と楽しそうに叫ぶ。その後彼女は、運河、チューリップ畑にカメラを向けながら、シャッター音をバックに「ハウステンボスみたい」と連呼する。そして「ハウステンボスみたいね、ヨーロッパって」「ハウステンボスに行きたくなっちゃった」という言葉とともに、日本人中年女性の顔がアップになりＣＦは締めくくられる。ここで表現されているのはヨーロッパのようなハウステンボスではない。オリジナルとそのコピーが逆転した姿なのである。

オリジナルとの関係が逆転した「コピー」の世界、あるいはオリジナルとの区別がつかなくなった「コピー」の世界、あるいはオリジナルなきコピーのみの世界、Ｊ・ボードリヤール（J. Baudrillard）はこれを〈シミュラークル simulacre〉と呼んだ［ボードリヤール，1984］。シミュラークルの世界のなかでは言語表現や記号表現は実在をコピーするものではなく、むしろ言語や記号や象徴の表象作用こそが実在を作り出す。ボードリヤールは現代の消費社会の特徴をこういった意味で〈シミュラークル〉という言葉で表

2　園内全体が佐世保市ハウステンボス町という町名がついていることから分かるように、ここは将来入場料を廃止し、住民が暮らす町として官民をあげて計画された町なのである。この町は観光と生活との境界が溶解した「未来都市」でもある。

3　正確にはハウステンボスと提携するカード会社のＣＦである。二、三年前のものであり現在は流れていない。

現したのであるが、観光現象は現代に限らず前近代においてさえ、通時的に共通して、表象が実在に優先し実在を作り出すといった特徴、常識でわれわれが考える表象と実在との関係を転倒した特徴を、一定程度持っているのである。

例えば、伊勢参りがそうである。江戸時代中期以降には誰でも一生に一度は行ったと言われる伊勢参りは、現代においては宗教的巡礼の振りをしたレジャーだったと評されている。「伊勢参り大神宮にもちょっとより」という川柳からも、「苦行」としての伊勢神宮への巡礼を、物見遊山の「楽しみ」へと変えようとする庶民のホンネが透けて見える。江戸時代中期には、年間参拝者は数十万人に達したという伊勢参りの習慣は、この頃次第に経済力を持ちつつあった庶民のタテマエとホンネの分離の上に成り立っていたのである。

しかし、このことを単なる余暇活動ととらえるのは、このころの巡礼の本質を見誤るだろう。江戸時代には、伊勢参り以外にも四国遍路、善光寺や金毘羅参り、山岳登拝等、様々な巡礼観光が行われていたのであるが、どれもみな民間信仰の熱狂と関係していた。江戸の外のみならず市中においても、当時江戸の人口の多くを占めていた男性のみならず関所を通ることが困難であった女性も、都市部の神社や寺院の開帳や縁日には大挙して出向いていた。特に金毘羅参りの流行は、讃岐を所領とする江戸市中の大名屋敷に金毘羅が勧請され、それが流行神となっていた［宮田，2006：190］。

江戸中期から後期にかけて六〇年に一度流行した非公式の伊勢参りである「抜け参り」は、その超越的な特徴を顕著に持っていた。伊勢神宮の御札が降ったといったような奇譚、神異譚の噂に端を発していた「抜け参り」は共同体からの集団的な逃亡に近く、「おかげでさ、するりとさ、抜けたとさ」と謳い踊りながら道中を進んだことから、「おかげ参り」とも言われた。「おかげ参り」の「おかげ」とは神のおかげという意味であり、超越的な集合的幻想が観光の動機を産出していたのである。また、この熱狂的巡礼は一部の憑依者に先導されていたと言われ、集合的な幻想が伊勢参りの経験を彩っていたのである［神崎，2004：60-63］。前近代の観光においてもまた、表象が実在に優先し、民間信仰の持っている表象がリアリティを強烈に創造していたのである。

前近代の旅とポストモダンの旅の共通項

集合的な幻想によって作られたイメージ、あるいはイメージを表す記号としての特定の場所が、観光という現実を作り出していく。そういう意味においては、ポスト・モダンの人工的観光地と前近代の巡礼観光にはある共通点がある。観光に関する社会学や文化人類学はこれを〈非日常性 the extraordinary〉と括って来た［Graburn, 1989 : 21-36 ; Urry, 2002 : 12］。観光現象が持っている〈非日常性〉は日常の現実との対立で成立しているものであり、E・デュルケム（E. Durkheim）の言う〈聖なるもの〉と〈俗なるもの〉の対立にほぼ対応している［デュルケム，1915 = 1995 : 72-77］。

オーストラリアの原住民とトーテム研究からデュルケムは、〈聖〉性には日常の〈俗〉なる現実から聖別された〈非日常性（絶対的異質性）〉が必要であると言う。だからこそトーテムの象徴が、象徴が指し示す実在のモノに優先する。宗教的信念とは、複数の〈聖〉なるもの相互の関係と、〈聖〉なるものと〈俗〉なるものとの関係が、結晶したものである。〈聖〉なるものに対してどのように人が振る舞うか規定した儀礼――積極的な礼拝の他に「禁忌」のような消極的な礼拝も含まれる――が、それに付け加わることにより宗教が成立するという。[4] すなわち、〈聖なるもの〉とは、人々の共同の象徴的な経験をとおして、集合的表象が現実を分節することによって生まれる効果なのであり（「広大な協同の所産」とデュルケムは言う［ibid.: 42］）、〈聖〉なる対象が前もって持っている〈本質〉によるものではない。同様に、観光現象もまた、人々に共有されている時間や空間が文化的に分節化されることの「効果」によるものであり、観光客とホスト（観光業者と地元住民）の儀礼的実践によって作り出される混合的な何ものかなのである。観光は、象徴を介した文化の聖別化作用を背景としつつ、人々のコミュニケーションの在り方をとおして方

4　デュルケムによれば宗教は教会を持つことにより呪術とは区別される。

向付けられた、極めて社会的な現象なのである。
人間は、世界を分節化する集合表象（としての文化）の媒介がなければ、世界を「現実」としてとらえることができない。古くから、人間は言語、記号、象徴等を用いた表象をうまく飼いならしながら、世界を時間的にそして空間的に分節してきた。表象による世界分節化作用が現実の輪郭を作り出しているのであり、表象（representation）が実在を代表（represent）、あるいはコピーしている訳ではないことは、前近代から人間がそれとなく理解はしてきたことであろう。こういった視点を明確に学問に導入したのは、デュルケム学派の社会人類学やソシュールの言語学に代表される「構造主義」と言われる学問の潮流なのであるが、現代思想の流れに身を置かなくとも、メディアからの情報によってリアリティが塗り替えられる世界に生きているわれわれにとって、このような「構造主義」的視点は、日常知としても納得できるものになりつつある。とは言え一般的には確かに、表象によって枠づけられたはずの実在は、日常の物質的生活（自然や社会等、特に生産にかかわるものとの関係）において、物理的に機能的であることが一定程度求められるので、表象により現実を分節する自由度は限定的なものではある。海の民が海の生物の語彙を多く持ち、山の民が山の植物の語彙を多く持つというように、表象の在り方は日常生活の物質的実践に引きずられる。[5]だが、そのなかにあって観光現象は、日常生活における物理的な機能性をほとんど要求されない。もちろん、交通手段の利便性等の効率性は要求されるが、観光することが何に「役立つ」のかといった意味での機能性については、通常は求められない。[6]日常の物理的機能性から自由であるという観光現象の持っている特徴は、現実が集合表象によって創作されるという、日常生活では本来意識されない表象とリアリティとの関係を顕在化させることになる。前近代の巡礼観光の熱狂はこうして作られてきたものではなかろうか。

5　集合表象と現実との関係については、ここでは論点を単純化して示した。この議論ついて解説したものとして上野千鶴子『構造主義の冒険』勁草書房、一九八五年が分かりやすい。

6　職場旅行のように集団の紐帯にとって機能的であることが意識されることもあるが、通常は機能性から遠ければ遠いほどその「楽しみ」が浮き立つものである（だから、職場旅行は「つまらない」のであるが）。

前近代の後には合理性と機能性の近代がやってくる。事物の機能性が強く要求される近代社会においては、機能性から程遠い超越的な象徴や記号といったものの価値が大衆にとって、経済的にも文化的にも〈価値〉として前景化されることはあまりなかった。[7]機能的価値の優先が、情念の領域にある象徴的、記号的な〈超越性〉の存在を、目立たないもの（あるいは裏側に隠すべきもの）としてきたからではないだろうか。そして、功利性の近代の後には、ボードリヤールが「消費社会の神話」と表現したような、物質的、機能的価値が後退し、記号や象徴的なものが商品としての〈価値〉を持つ、まさに再〈神話〉化の時代（「ポスト・モダン」といってもよかろう）が続く。ここにおいて、観光現象の〈神話〉性、すなわち機能とは隔絶された自由な表象の優先性が「復活」することになる。テーマパークにおける観光現象はそのなかの一つであろう。前近代における巡礼も、現代におけるポスト・モダンな観光現象も、機能性の優先する日常生活から集合的に分節された、幻想が映し出す「もう一つの〈現実〉」の姿である。したがってそこには、表象が実在に先行するかのような転倒や、宗教的な熱狂が作り出す倒錯したリアリティが当然つきまとう。

以上述べたような、前近代の観光現象における集合表象の暴走、またポスト・モダン社会における人々の人工的な現実創作をごちゃまぜにしたものに、宮藤官九郎脚本・監督作品の映画『真夜中の弥次さん喜多さん』がある。もちろん、この映画の世界は荒唐無稽なもので溢れており、[8]歴史的正確さは求むべくもないが、観光現象独特のリアリティの在り方をうまく表現している。

この映画のストーリーは、薄っぺらな流行に踊らされ「リアル」を失ってしまった江戸の町で、ゲイのカップル弥次さんと喜多さんが「リアル」を求めて伊勢参りに出発するところから始まる。二人は伊勢参りの途中で「笑いの宿」「歌の宿」といった「テーマ化」された世界（前近代の「魔術的」世界とポストモダンのテーマパークを混在さ

7　近代とナショナリズムがセットで存在してきたことからも分かるように、近代には超越的な象徴や記号は「イデオロギー」としては大いに使われたのであるが、その「イデオロギー性」は意識化されることはなかった。

8　原作はしりあがり寿の漫画『弥次喜多 in Deep』（一〜四）、エンターブレイン、二〇〇五年、であり、原作の方がよりシュールで荒唐無稽である（というよりは難解である）。

せたような世界〉を彷徨う。旅における二人の「リアル」はより混迷を深めることになる。その混迷は、旅の現実が日常に足場を持たないゆえに、より自由な（より不安定な）「もう一つの〈現実〉」（あるいは「飛び地」）だからである。ここで描かれている世界は、旅という表象が現実に先立つ世界であり、意図的に強調されているのは、日常と隔絶された「もう一つの〈現実〉」としての「旅 trip」[9]の姿である。

観光と「もう一つの現実」

日常世界から区別された「もう一つの〈現実〉」のことを、A・シュッツ（A. Schutz）は〈限定的意味領域〉と呼んだ［シュッツ，1970 = 1980］。シュッツによれば、〈現実〉を構成しているのは、事物そのものの構造ではなく、人々の事物に対する認知様式の在り方なのである［ibid.: 267］。事物に関する認知様式が異なれば〈現実〉も異なる。遊びの世界、狂人の世界、芸術の世界、夢の世界、科学思考の世界等、それぞれ認知様式が異なり、それぞれの〈現実〉を持っている［ibid.: 266-279］。観光の〈現実〉もまた、日常世界とは異なった独特の認知様式を持った一つの〈限定的意味領域〉を持つと言える。先に述べたように、観光の〈現実〉（＝非日常性）は日常の〈現実〉――シュッツはW・ジェームズの心理学を援用しつつ、これを〈至高の現実〉と呼んだ――とは区別されたところに存在基盤を持っており、その認知様式も日常の〈至高の現実〉とは異なっている。

観光地において観光客は「もう一つの〈現実〉」を生きている。一方、観光地住民は〈至高の現実〉を生きている。観光地は異なった〈現実〉を生きている人々が出会う場である。観光地住民が生活の場としている同じ場所を観光客は別様に経験している。〈限定的意味領域〉の視点からは、観光客の〈現実〉と観光地住民の〈現実〉との不一致と葛藤の問題が浮かび上がってくる。[10]観光客の〈現実〉は観光地住民の〈現実〉にどのようなインパクトを与えるの

9　もちろん薬物に頼らないトリップである。

か、あるいは両者の〈現実〉はどのように重なりあうべきなのか、それぞれの〈限定的意味領域〉の視点からとらえることができる。[11]

また、観光における〈もう一つの現実〉という「幻想」の在り方が、対立する極としての観光客の日常の〈至高の現実〉の在り方を逆向きに――一部は、観光地の住民が持つ日常とは異なる、観光客の日常の〈至高の現実〉をそのまま――映し出してしまうことにも注目しなければならない。このことが観光者の現実と観光地住民の〈現実〉の葛藤をより大きく広げてしまう一つの要因となってしまうからである。次に、われわれの日常における〈現実〉の在り方を反省的にとらえることによって、日常の〈現実〉と観光の〈現実〉の関係について考えてみよう。

「もう一つの〈現実〉」と近代化

近代化が進んだ社会における〈現実〉の在り方とはいかなるものであろうか。P・L・バーガー（P. L. Berger）は近代人の認知様式の特徴に「工業生産の意識」「官僚制の意識」の二つを挙げている［バーガー、バーガー、ケルナー, 1977：25-68］。この二つの意識における認知様式は一部重なるのであるが、それぞれ列挙しよう。工業生産の認知様式の特徴は、「機械性」「代替可能性」「寄せ木細工性」「目的と手段の分離可能性」「暗黙の抽象性」「公私の分離」「問題解決的革新性」「匿名的な人間関係」「感情の管理」「最大化の前提」「多相関性」等である。これらは、人間と機械との道具的、功利的関係性から生まれるものであると考えることができる。また、「官僚制の意識」がもたらす認知様式は、「秩序整然性」「寄せ木細工性」「組織化可能性」「予測可能性」「公正さへの道義的期待」「道義的匿

10　観光客と観光地住民ばかりでなく観光客の間でも、あるいは観光地住民の間においても「現実」を巡る不一致が存在する（第四章・五章参照）

11　この問題については第二章以下で中心的なテーマとなる。

名性」「手段への関心（目的よりも形式的手段）」等である。これは、官僚制的オフィスワークがもたらす形式主義による非個性的で受動的な性格と括ることができよう。バーガーは、以上のような近代化を担う認知様式が、日常生活から日常生活以外の〈限定的意味領域〉に「波及 carry over」することがあると同時に、逆説的にこのような近代化の認知様式に反発する「反近代的」認知様式が産出されることもあると言う。仕事の〈現実〉とは離れているはずの私的な遊びの〈現実〉に、近代主義的功利主義や道具主義等が入り込んでくることは十分あり得る。また、恋人同士のような私的人間関係がつくりだす性愛関係のなかに、道具主義的な〈現実〉が入り込むこともあろう。だからこそ、反対に遊びのなかに、あるいは性愛のなかに、ロマン主義が強調されるようにもなる。

日常世界の合理化と「故郷喪失感」とは明確に隔絶されたところにあるはずの観光の〈現実〉も、近代化する意識の波及と反発との葛藤の場となる。つまり、観光者は近代性の原理の対極に「非日常的」観光行動の理想を見出すが、実際の行動には近代性の原理が「波及」するのである。両者の程度に濃淡はあれ、旅のなかに冒険を求めながら、一方で安全でスケジュールを逸脱せずに、また自分の家の環境をそのまま持っていけるような旅がしたいといったような「分裂」こそが、現代の観光（性愛も同様）の「現実」の姿であろう。

以上、近代における「日常」の諸原理が観光の〈現実〉へ波及するという問題に言及してきたが、ここでまた逆に、観光の〈現実〉が日常の〈現実〉に波及することも指摘しておかなければならない。テレビ番組は毎日のように家族が団欒する茶の間に観光情報をもたらす。観光を扱った記事をメインにした雑誌も多い。週末に家族で出かけるショッピングモールも観光的な「非日常性」を演出する。観光の〈現実〉は明らかに日常へ波及しつつある。このようなななかで観光が日常と区別された〈現実〉を持つことが難しくなっている。このように高度に近代化された消費文化は、メディアの普及と相まって、日常領域と非日常領域の境界を溶解、つまり〈内破 implosion〉させてしまう。観光の日常化、日常の観光化といったような、観光の日常生活への普及そのものが、日常と非日常の境界をあいまいなものにすることにより、〈聖〉なるものをかえって消耗させ、枯渇させてしまうのである。

いずれにしても、バーガーがシュッツの〈限定的意味領域〉を援用しつつテーマとしたのは、近代化された世界における統一的「意味」の枯渇、アイデンティティの未決定性、根無し草感（『故郷喪失者たち Homeless Mind』という著書の題名がそれを物語っている）である。近代以降の観光現象がこういった近代の生産現場における一種の疎外感や焦燥感と関係していることは確かであろう。

近代化がもたらした独特の疎外感とは何なのであろうか。次に、観光の話題から少し離れて、〈聖なるもの〉を枯渇させる近代的意識と文化について、〈脱魔術化〉という用語の周辺にしばらく考えを巡らせてみることによって、論じてみたいと思う。〈脱魔術化〉の意味を明らかにすることによって、〈脱魔術化〉を背景としつつ——あるいは〈脱魔術化〉に支えられながら——〈脱魔術化〉を克服する何かとして登場する近現代観光の錯綜した姿が明確になるからである。

観光と日常世界の脱魔術化

現代人の意識の傾向として取り上げられる合理主義や功利主義は、前近代に人間が持っていた〈聖〉なる文化や表象を霧散させてゆく。こうして伝統の桎梏から自由になる過程をM・ウェーバー（M. Weber）は〈脱魔術化 Entzauberung〉と表現した。ウェーバーによれば、科学技術の発展等による物質的条件だけではなく、人間の意識や文化の〈脱魔術化〉がなければ西欧の近代化もあり得なかった。しかし、この言葉は、ウェーバーが近代礼賛のために用いた用語ではけっしてない[12]。ウェーバーは、著作における歴史的事実の説明においては価値中立的であったが、彼の歴史解釈の底流には近代批判が流れていることを念頭に入れなければ、〈脱魔術化〉の真の意味についてわれわれは理解できないであろう。

12　ウェーバーが近代批判者であったことについては、山之内靖『ニーチェとウェーバー』未来社、一九九三年［山之内, 1993］が明解に解説している。

ウェーバーは一連の比較宗教学研究のなかで、宗教改革によって一六世紀以降のヨーロッパの世俗社会に起こった日常世界の宗教化が、世界史のなかで西欧にのみ起こった独特の社会変動（＝近代化）と、どのように関係していたのかを探求している。特に『プロテスタンティズムの倫理と資本主義の精神』においては、宗教改革が生んだ世俗内禁欲という独特の生活態度が、伝統的な日常生活全般を合理的に方法化し組織化し直すような実践的な倫理へと姿を変え、[13]人々の暮らしを伝統のくび木から解放しつつ、結果的には止むことなく拡大する物質的生産活動を支える「資本主義の精神」へと転化していったことを「客観的」に描き出している［ウェーバー，1920＝1989］。[14]プロテスタンティズムと合理化された精神との関係についてP・バーガーが指摘しているように、プロテスタントが実践した、非常に敬虔で、異様に熱狂的でさえある宗教的文化革命は、あまりに神の超越性を熱狂的に主張するがゆえに、完全に人間を超越する「神の領域」と、まったく神聖性を欠いた「人間の領域」との両極に分割してしまったのである［ibid.: 47-48, バーガー，1967＝1979：173］。こうして、プロテスタンティズムは「人間の領域」における神聖性の三要素である、神秘、奇跡、呪術から脱却したのであるが、皮肉なことに結果としては、その精神的運動は、神の超越性の否定へと導く世俗的合理主義を原理とする「資本主義」の物質的運動へと「転落」してしまうのである。宗教改革が意図せざる結果として産み出していった形式的合理主義は、人間に対する〈鉄の檻〉となって、人間の様々な関係性からあらゆる〈聖なるもの〉や〈他者性〉を奪い去っていったのである。このように現代人が〈聖なるもの〉やその〈他者性〉を失う過程が、ウェーバーが描き出す〈脱魔術化〉である。超越的な集合表象であり、人間から隔絶された〈他者なるもの〉としての〈聖性〉こそが――デュルケムが明らかにしていたように――人間に「意味」を与える（宗教的）なものである。世界に対する正当化作用の結晶である〈聖なるもの〉を失うことは、資本主義の運

13　ウェーバーが「倫理の衣服をまとい、規範の拘束に服する」［ウェーバー，1920＝1989：63］と表現した合理主義的な生活スタイルがこれである。

14　フランクリンの有名な「時は金なり」を唱えた演説を引用しつつ合理的禁欲主義による生活の組織化、方法化、すなわち後に資本主義社会の諸原則となったものをうまく言い当てている［ウェーバー，1920＝1989：40-43］。

動の果てに、たとえ世界が物質的富で満たされたとしても、世界の「意味」を失うことに等しいのである。ウェーバーの有名な「精神のない専門人、心情のない享楽人」とは形式合理性と引き換えに、〈聖なるもの〉との関係を断たれた、すなわち世界の「意味」を失った人間たち――これをウェーバーはニーチェの言葉を使って「末人たち die letzten Menschen」と呼ぶのであるが[15]――のことなのである［ウェーバー, 1989 ＝ 1920:366］。

宗教における世俗化と社会の合理化との関係について、P・バーガーによる意識の近代化論にもう一度戻って考えてみよう。バーガーは、ウェーバーとデュルケムの宗教社会学の知見から現代社会の世俗化（＝〈脱魔術化〉）について、以下のように説明している［バーガー, 1967 ＝ 1979］。宗教的営みとは「いかなる犠牲を払っても現実を人間的に意味のあるものにしようとする、人間の最も重要な努力」［p.156］なのであり、そのためには、人間は「聖なるもの」を「俗なるもの」から遠ざけ「非人間化」する必要があった。宗教的象徴の外在性、「他者性」によって、かえって現実全体は、人間的な意味のあるものになっていたのである。しかし、近代化の意識はこの「非人間的」な「聖なるもの」の領域を人間の作為で合理化してしまう。宗教による非合理的象徴の支配から人間の道具主義的作為の支配へ、世俗化とは「社会や宗教の諸領域が宗教や象徴の支配から離脱するそのプロセス」［ibid.: p.165］であり、近代の効率と功利の合理主義によって、かつては人間の作為が近づくことができなかった領域が埋め尽くされてしまうことなのである。すなわち、「世俗化の元凶的〈保菌者〉は、近代の経済機構、すなわち産業資本主義の仕組み」［ibid.：169］そのものなのだと、バーガーは強調する。こうして、近代の産業化とそれに伴う意識の変化は、宗教的象徴が持つ〈聖なるもの〉の意味創出能力を、人間の作為による形式合理性に置き換えてしまうのである。形式合理性が支配した産業資本主義、すなわち、ウェーバーが〈官僚制〉と呼んだ仕組み[16]のなかでこそ、〈聖なるもの〉の追放、「意味」の枯渇化、すなわち〈脱魔術化〉（＝「世俗化」）は貫徹する。[17]

15　ウェーバーは「末人たち」というニーチェの言葉を引用して現代人のことを言い当てている。
16　ウェーバーは、近代官僚制を近代以前の個人的忠誠心が支配する官僚制とは、はっきり区別していることに注意。

ウェーバーの〈脱魔術化 Entzauberung〉という用語のなかに埋め込まれている〈魔 Zauber〉なる語について、見田宗介は次のように述べている［見田，2006：50-68］。〈魔〉なるものの「Zeuber」という単語には魔術や呪術という意味の他に、英語の「charm」の意味、つまり「魅力」や「魅惑」という意味があり、この二つが重なったところにその真の意味があると言う。見田は、柳田国男が指摘している民衆による「天然の禁色」の意味や、ベートーベンの第九の中の混声合唱に出てくるシラー作詞の歌中の「Zauber」の意味に触れつつ、〈魔 Zauber〉とは「あの世」「ウラの世界」といった人間の〈外部〉である〈聖〉なる世界から顕現（エリアーデの言う〈ヒエロファニー〉）する「別世界の消息」であると言う。またそれは同時に、第九の混声合唱の歌詞にあるように、人間と人間とを結びつける不思議な力なのである。見田は現代社会を「〈魔〉のない世界」と呼ぶ。効率主義や功利主義が人間の紐帯を分断し、消費社会化の過程で文化を均質化し〈聖なるもの〉をも消耗してしまった現代社会には、彼の言う〈聖〉なる世界からの顕現としての、そして人間と人間を結びつけるふしぎな力としての、「魔 Zauber」はない。

〈脱魔術化〉を推し進める現代社会の官僚制については、G・リッツア（G. Ritzer）が、ウェーバーに即してその本質を的確に説明している。リッツアは、近代以降の官僚制を動かす原理として、効率性[18]、計算可能性、予測可能性、人間の技能の人間の技能によらない技術体系への置き換え（「コントロール技術」と言ってもよかろう）を挙げている［リッツア，1996＝1999］。リッツアは現代における官僚制の典型をマクドナルドのシステムに見て、現代社会において消費のシステムが上記の四つの原理を持つ傾向を〈マクドナルド化〉と呼んだ。リッツアは〈マクドナルド化〉したシステムは、その合理的意図に反して、結果的には人間性にとって非合理的であるという[19]。リッツアが〈マクドナルド化〉された消費システムに見た「合理性の非合理性」の中心は、人間の相互作用がマ

17　ウェーバーによれば、「世俗化」のルーツは古代ユダヤ教にまで遡れるのであるが、ここでは古代ユダヤ教、キリスト教そのものに内在してる〈脱魔術化〉する因子については深追いしない。
18　ウェーバーは「文書主義」をこのなかに入れているが、リッツアはこれについてはあまり言及していない。
19　リッツアはこれを合理性の非合理性と呼んでいる。

ニュアル化され画一化することによる「脱人間化」〈〈聖なるもの〉が持つ「非人間性」とは次元が異なるので注意〉、つまり人間疎外である。〈マクドナルド化〉された観光施設の典型はディズニーランド[20]なのであるが、ここでの経験は「想像力の開放とは遠くかけ離れて、主として想像力を閉じ込める」という［ibid.: 213-214］。リッツアにとって、ディズニーランドの「非人間的な経験」［ibid.: 214］は〈魔 Zauber〉の経験ではなく、〈脱魔術化〉の延長線上にあるものであり、〈聖〉の顕現としての〈アウラ〉やコンテクスト性を欠いた「何もナシ nothing（虚しい）」経験なのである。[21]

『マクドナルド化する社会 The MacDonaldization of Society』に続けて刊行された『マクドナルド化の世界 The MacDonaldization Thesis: Explorations and Extensions』では、〈新しい消費手段〉によって消費を強いるシステムについて焦点が当てられていて、その〈新しい消費手段〉の一つとして観光が取り上げられている［リッツア、1998 = 2001］。ここにおいてもディズニーランドに代表されるようなテーマパークを中心に――ショッピングモールとテーマパークの境界が内破されていることが言及されつつ――観光の「商品化」「消費化」が進んでいることが強調されている。ショッピングモール化しつつあるテーマパーク（ディズニーランドの売り上げの約半分はショッピングであるし、クルーズ船のなかでのショッピング等も同様である）や反対にテーマパーク化しつつあるショッピングモールは、彼によれば、「観光地の中に人々を閉じ込めて、かれらにモノやサービスを売るために設計された『全制的施設[22]』」なのである［ibid.: 262］。そのなかで観光者は「真正性を探求する代わりにシミュレートされた経験を期待し、実際にそれを経験」［ibid.: 262］しているのである。彼が言うには、そもそも現代人は旅行に〈非日常性〉な

20　リッツアはディズニーワールドを中心に扱っているが、ディズニーのテーマパークを総称してここでは「ディズニーランド」と呼んでおく。

21　リッツアはアウラや文脈を持たない「何もナシ nothing」の文化を、〈聖〉なる「何か something」を持った文化と対置させる。ディズニーワールドの代表されるような「何もナシ nothing」文化が世界に広がるのが、グローバリゼーションの帰結であるとする［Ritzer, The Globalization of Nothing, 2004］。

ど求めていないのである。リッツアは〈マクドナルド化〉された日常の習慣は、旅行の在り方にも波及するという[ibid.: 234-45]。彼らは旅に〈マクドナルド化〉されたものを求めているのであり、たとえ〈非日常性〉をそこに求めたとしても、〈非日常性〉の求め方、あるいは与え方それ自体が〈マクドナルド化〉されているのである。このような〈真正性 authenticity〉の追求なき観光は〈魔 Zauber〉なき観光と言えるであろう。

観光における〈真正性〉の喪失に関しては、一九六〇年代にD・J・ブーアスティン（D. J. Boorstin）によって書かれた『幻影の時代』の近代観光批判がよく取り上げられる［ブーアスティン．1962 = 1964］。ブーアスティンの現代観光批判は二つの点でなされている。一つはメディアのイメージが観光のリアリティを作り上げていることであり、もう一つはそのことが観光産業のシステム化と結びついていることである。前者の批判については、既に述べたように観光現象、特に大衆の観光現象のイメージ優先性は通時的に共通のものだと筆者は反論しておいた。ただ、前近代においてはそのイメージの起源は基本的には伝統や宗教、あるいは自然発生的な集団的熱狂にあったのであり（もちろん観光ガイドブックも存在したが、それも伝統と宗教世界の内にあった）、近代以降の世界のようにメディアと観光産業が人工的に作り出したものではないという留保は付く。そして、このことが後者の近代観光批判の内容と交差する。つまり、交通の発達とともに産業化された観光が、観光の在り方を「予測可能」で「計算可能」なものとし管理するようになるだけでなく、前もって与えるイメージが観光の現実をどのように作り出すのかというリアリティ創造の過程をも管理の下に置くようになることである。イメージが観光のリアリティをつくることが問題なのではなくて、イメージによる観光のリアリティ創造力が（政治的システムも含めて）産業のシステムの内に閉塞され、その〈聖性〉を結果的に失ってしまうことが問題なのである。そういう意味において、現代の観光では、ブーアスティンが言うように「現実が疑似イベントにしたがう」のである［ibid.: 53］。

22　ここで言う「全制的施設」とはゴフマンによって取り上げられた「欲望管理施設」（アサイラム）や、フーコーの言う高度に管理された施設「パノプティコン（一望監視装置）」を指している。

観光と世界の再魔術化

前々節、および前節においては、観光が近代人の意識や文化の〈脱魔術化〉とどのように関わっているのかを中心に論じた。しかし、観光と現代社会との関係について述べるのに観光と世界の〈脱魔術化〉とを結びつけただけでは事の半分を論じたに過ぎない。近代が「疎外感」の克服やそこからの逃避を伴っていたという意味においては、近代は、工業化や官僚制等、脱魔術化する要素のみで成立してきたわけではない。脱魔術化とともに〈再魔術化〉が進んだものも近代ではなかったか。〈脱魔術化〉がもたらす近代の「疎外感」は〈再魔術化〉を同時に呼び込んで来たのである。特に、観光に関していえば、先に述べたように観光は〈非日常性〉の追求行為なのであり、〈魔 Zauber〉が持つ「魅惑」という意味においては、「魔術化」――独語の「Zauberung」よりも、英語の訳語「enchantment」の方がしっくりくるかも知れない――を推し進める行為である。観光現象に限定すれば、近代の〈脱魔術化 disenchantment〉は〈再魔術化 reenchantment〉とセットなのであり、観光は近代の〈再魔術化〉の重要なアクターだと言える。すなわち観光は、〈聖なるもの〉を失った社会において〈聖なるもの〉を再び作り出そうとする〈再魔術化〉の重要な担い手なのである。先に述べたように、観光は〈非日常性〉を求めるものの、交通や通信技術の発達を背景としたその産業化は、地球上から未知の場所、非日常的な場所、〈エキゾティシズム〉や〈他者性〉を枯渇させてしまう。しかし、ボードリヤールやM・ギョーム（M.Guillaume）は言う。だからこそ、フィクションとしての〈他者〉が人工的に作り出されるのだと［ボードリアール、ギョーム, 1994 = 1995 : 49］。フィクションとしての〈他者〉とは一体何なのか。

現代の観光が作り出す人工的〈他者性〉について、リッツアは〈マクドナルド化〉論を修正しつつ、その延長線上で否定的に論じている。〈マクドナルド化〉を扱った二つの著書の後刊行された『Enchanting a Disenchanted World-Revolutionizing the Means of Consumption』（『脱魔術化された世界の魔術化―消費手段の革命』未翻訳）のなかで、リッツアは合理化される消費社会を超えて、合理的に「脱合理化」される消費社会を分析している［Ritzer, 1999］。彼は、「合理化されたシステムは脱魔術化に至ることは疑いないが、それは同時に、また逆説的に、世界を再魔術化するシステムを創り出す」［ibid.: 100］と言う。ここでは、物質的消費の〈脱魔術化〉ではなく、文化的消費の審美性や情緒性に焦点を当てることで、現代の消費社会の〈魔術〉がテーマとなっている。すなわち、リッツアによれば、現代の消費は〈魔術的なもの enchantment〉を〈新しい消費手段（new means of consumption）〉として利用しているのである。

写真 1-2　コロニアル・ウェリアムズバーグ

〈新しい消費手段〉の典型はディズニーワールド、クルーズ船、ラスベガスのカジノ、ショッピングモール（あるいはサイバーモール）等である。彼はこれを〈消費の大聖堂 cathedral of consumption〉と呼んでいるのであるが、このなかで行われているのは、〈エクストラヴァガンザ（大立回りのミュージカルのような大がかりなショー）〉と〈シミュレーション〉である。ここで人々は〈スペクタクル〉を一種の「アヘン」のごとく消費する。〈スペクタクル〉と〈シミュレーション〉は人間やコミュニティにまで及ぶ。例えば、筆者も訪れたことがあるヴァージニア州コロニアル・ウィリアムズバーグにおいては、園内——といっても町そのものなのであるが——「住人が」一七、八世紀を演じている。ここでは、人間関係やコミュニティがシミュレートされている。このように、〈消費の大聖堂〉は今まで消費の対象外にあったもの——例えば対面的コミュニケーション——も消費の枠内に導き入れる。すなわち、新しい消費手段は消費文化における〈境界崩壊（＝内破 implosion）〉の上に成立している（また、

〈境界崩壊〉を助長する〉[ibid.: 214-217]。

リッツアによる〈マクドナルド化〉や〈再魔術化〉の議論を受けて、A・ブライマン（A.Bryman）も、『ディズニー化する社会 The Disneyzation of Society』のなかで、現代社会の多くの領域がディズニーランド・システムを採用しつつあると述べている［Bryman, 2004］[23]。今やディズニーランドのシステムは、都市計画やショッピングモールや博物館のモデルになり、また多くの組織でその従業員訓練プログラムが使われている。ディズニーの〈魔術化〉のテクノロジーが現代における社会工学的モデルとなっているのである。リッツアとブライマンが描いたテーマパーク化する社会の〈再魔術化〉とは、人間の情緒的欲望が工学的に作られ管理される「逆ユートピア」の姿に他ならない。

再魔術化とポストモダン社会

〈脱魔術化〉する現代世界に再魔術化の潮流が起こる理由については、主に経済の変化の文脈から先に、簡単にふれておいた。すなわちこれは、商品としてのモノの価値が物理的な〈機能的価値〉から、文化的な〈象徴的価値〉へとシフトしてきたことと関係している。一九七〇年という産業社会からポスト産業社会への変化の時代に、ボードリヤールは社会的変化の特徴を、消費対象の〈価値〉のシフトとして図式的に描き出している［ボードリヤール, 1970＝1995］。このなかでボードリヤールは、現代では商品が記号となって、一つのコミュニケーションのシステムを形成しているという。商品が機能性のみを表現していた時代とは異なって、商品が記号化した世界においては、記号は世界を際限なく差異化し、分節化してゆく。また、記号はモノばかりでなく、文化、趣味、こころ、身体をも分節化

23　ブライマンは「平凡化（trivialization）」と「異物の排除（sanitization）」というディズニー文化の特徴を指す「Disneyfication」と、ディズニーランド・システムの社会への普及を表す「Disneyzation」とを区別して、後者の意味で「ディズニー化」する社会を論じたいとしている。

し〈商品価値〉を産出してゆくに至る。こうして、無限に商品化が可能になる記号消費、人間関係消費の世界は、商品が有限であった物質消費の世界からは区別される。このような世界こそが真の「消費社会」であり、記号や象徴によって〈再魔術化〉される社会である。

〈再魔術化〉の経済的条件が、以上のような意味で主に供給サイドから見た〈消費社会化〉であるのだが、ポスト産業社会が〈再魔術化〉を進めた要因には、主に需要サイドで浸透した文化的変化も見逃せない。そのためには、一九六〇年代末の先進国で起こった「〈価値〉の転換」の意味を理解しなければならない。規格化された商品消費への不満は、ヒッピー文化に代表されるような、既成の消費文化を否定する反体制文化を生むのであるが、反体制的メッセージを持ったビートルズのアルバムが世界中で爆発的に売れ、また反体制の象徴であり、女性解放の象徴であったジーンズが流行ファッションになったように、「反体制」「反商品化」を表す〈聖〉なる象徴そのものが、〈世俗化〉し〈スペクタクル〉化し、「商品化」してゆく。それは、「世俗」を否定し〈聖なるもの〉を求める政治・文化運動が持つ〈魔術 enchantment〉が消費社会の内部に組み込まれ、無害化されつつ洗練されてゆく過程である。またそれは、〈聖なるもの〉が世俗のうちに包摂されつつ、次から次へと新しい「商品」として産み出されることによってようやくその〈魔力〉を保つという、アクロバティックなポストモダン社会[24]が姿を現わす過程でもあった。

反体制文化の商品化とともに労働の在り方においても、近代資本主義を支えた工場労働における労働疎外が問題視された。ベルトコンベアーに従属するような人間疎外的な労働を強いるテーラー主義的〈フォーディズム〉型労働から、より柔軟で労働者の個性と労働の意味の充足を重視した〈ポスト・フォーディズム〉型労働へと労働の形態がシフトしていった。大澤真幸はこれを資本主義の〈外部〉の内在化と呼ぶのであるが、一九六〇年代末から現在に至る

24　ポストモダンの定義については須藤廣「観光とポストモダン」『安村克己・遠藤英樹『観光社会文化論講義』くんぷる, 2006, pp.173-182. 寺岡伸悟編』を参照してほしい。この章では「ポストモダン社会」とは「正義」「進歩」「発展」といった誰もが信じることができる「大きな物語」がなくなった社会と定義しよう。

までの、先進国における〈ポストモダン化〉や〈消費社会化〉の過程とは、まさにこのような〈聖なるもの〉を求める〈新しい社会運動〉が資本主義に内在化される過程に他ならない［大澤，2007：528-543］。

しかし、以上のようにポスト・モダン社会における〈再魔術化〉は、伝統社会の〈魔術化〉とは明らかに異なっている。前近代社会においては、〈聖なるもの〉の日常からの超越性や〈他者性〉は、伝統の枠組みとそれによる儀礼が、固定的に決定し保障していた。一方、〈脱魔術化〉される社会における〈再魔術化〉において、〈魔術〉的なものの〈聖性〉は、伝統によって方向づけられたものではない。それは、資本主義内部に包摂された商品の人工的差異化運動と、〈聖なるもの〉をそこに求める消費者の醒めた欲望が作り出すものである。それは、〈脱魔術化〉する勢力に内在化された〈魔術化〉の運動といったような、パラドキシカルなものなのだと言える。そこで人工的に創作された〈聖なるもの〉は、商品化された瞬間から〈脱魔術化〉される運命にあり、だからこそ〈再魔術化〉の力が止まることなく生成されることが強いられる。消費資本主義存続のためには〈魔術化〉する運動と〈脱魔術化〉する運動の連鎖は止まることなく続けられなくてはならない。

以上のようなメカニズムのなかで観光は、〈脱魔術化〉する社会を――〈脱魔術化〉しつつ――〈再魔術化〉する最も強力な担い手である。現代社会において、観光が〈脱魔術化〉と〈再魔術化〉が火花を散らす消費社会の文化の最前線となる。

再魔術化と感情労働

〈再魔術化〉とは、産業資本の〈外部〉にあった文化や人間関係を商品化、消費化することによってなされるものであることをわれわれは確認してきた。かつては産業化の外側にあった関係――人間同士の関係や人間と自然との関係等――が市場の内部へと組み込まれることによって起こる問題、そのなかでも特に労働疎外の問題は、言うまでもなくK・マルクスによって取り上げられ、そこから発展した議論が今でも続けられている。しかし、文化や人間関係における〈外部〉の内部化、〈再魔術化〉が人間性にもたらす労働疎外の特殊な形については、あまり問題にされることがなかった。ここに光を当て、正面から議論したのがA・R・ホックシールド（A. R. Hochschild）である。ホックシールドは『管理される心──感情が商品になるとき the Managed Heart — Commercialization of Human Feeling』のなかで、「かつて私的なものであった感情管理の行為は、今では人と接する職業における労働として売られている」と言う［ホックシールド，1983 = 2000：213］。航空会社の客室乗務員が勤務中に主に乗客との関係のなかで持つ精神的葛藤の問題がこの著作のテーマであることからも分かるように、サービス労働における疎外の問題は、〈再魔術化〉の最大勢力である観光の労働現場がその最前線となっているのである。

ホックシールドによれば、現代のサービス産業における労働のなかでは、「うわべだけ」の演技である〈表層演技 surface acting〉ばかりでなく、自己誘発した感情を自発的に表現するような、役割が感情にまで及ぶ演技である〈深層演技 deep acting〉が重要な位置を占めているという。そこにおいては、「私の一部」であるはずの表情や感情が産業の重要な「資源」となっている［ibid.: 39-63］。ホックシールドはサービス産業のなかの演技の問題を、演劇理論を使って解くのであるが、彼の視点の根底にあるのは、演劇のなかでは創造的な「表現」となるものが、サービス産業のなかでは非創造的な〈感情労働〉となることである。これは、産業のなかで演技がそのシステムに組織的に管理されることによる。管理された演技を強いられる〈感情労働者〉は「本当の」自己と「演じられた」自己とに分裂することを要求される。そして、こういった「分裂」が自己のコントロール能力を超えたとき、〈感情労働者〉は「バーンアウト」や「不正直さ」にさいなまれる自己嫌悪、さらには「私はただ夢を売っているだけだ」といった演技からの疎外という代償を払わなければならなくなる。すなわち、〈感情労働者〉の「演技」は産業のシステムによって管理されているために、労働のなかにでもあるべき「演技」の創造性から疎外されているのである。

ここで重要なのは、ホックシールドが批判していることが、サービス労働の「演技」そのものにあるのではなく、その「演技」が産業システムに管理され創造性を奪われていることにある、ということである。このことは、先にブーアスティンの近代観光批判を批判したときの視点と通底する。すなわち、観光の表象の──演技も一つの表象を産み出す行為と考えればその——優先性そのものが批判されるべき点なのではなく、表象が産業システムによって合理的に管理されることにより、表象が持っている現実創造力が、かえって奪われることこそが批判されるべき点なのである。

以上取り上げた観光に携わるサービス労働者の表現行為に関する疎外の問題は、観光地の住民も含めたホストとゲストとの人間関係、多くは〈ホスピタリティ〉の疎外の問題と関連させて理解することができる。鷲田清一によれば〈ホスピタリティ〉とは、他者の〈他者性〉を受け入れることでありまた、その過程で自己が他者によって変質することである［鷲田，1999：133-139］。このことは演技による〈他者性〉の受け入れに通底する。鷲田の言う〈ホスピタリティ〉とは、〈感情労働者〉が観光産業にコントロールされた〈感情規則〉に則って、サービスを売る行為とは異質なものなのである。またそれは、ホスト側が自己を変化させることのない単なる「親切」とも異なる。対面的なコミュニケーション行為のなかで、自己が他者によって住み着かれてしまう行為なのである。これを、他者が持つ〈非日常性〉や〈他者性〉の受け入れと言ってもいいであろう。したがって、鷲田の言う〈ホスピタリティ〉は、自己の管理の内側で起こるようなものではなく、他者によって引き起こされるものである。しかし、それが「疎外」にあたらないのは、システムとは無縁の相互に開かれたコミュニケーション的行為のなかで、それが生起しているからである。観光産業の中では、こういった開かれたコミュニケーションであり、経済活動の〈外部〉にあった〈ホスピタリティ〉が、「サービス」として〈価値〉を付与され消費される。別の言い方をすれば、賃労働の外部にあった互恵的行為が〈感情労働〉として内部化されるのである。

また、観光地住民にとっても、町の活性化のために観光客は歓迎するものであるとしても、自己を変容に導くような存在ではない。観光業者と観光客の間において〈ホスピタリティ〉は産業内部化されるが、観光客と観光地住民の間では、自己の変容を伴うような〈ホスピタリティ〉はあらかじめ閉ざされている。観光業に携わっている住民は経済活動として〈ホスピタリティ〉を発動する機会はあるだろう。しかし、労働外の私的関係としての〈ホスピタリティ〉は消滅する方向に進むであろう。経済活動の〈外部〉にあった行為が内部化され商品となれば、観光の経済活動外（あるいは賃労働外）にある住民のホスピタリティは行き場を失ってゆく[25]。

観光と場所の再魔術化

これまでわれわれは主に、商品と労働領域における〈再魔術化〉の意味について考えてきたが、現代社会において観光による世界の〈再魔術化〉は、こういった広い意味での経済領域だけに終わることはない。都市や農村の「景観」への注目といったような形で、場所が〈再魔術化〉されるなかで、観光は社会的、さらには政治的な領域に持ち込まれる。観光業者が視覚的に〈舞台化（演出）staging〉し観光客が消費する〈場所性〉と、住民が生活のなかから紡ぎ出してきた〈場所性〉とは、従来別のものであった。しかし、先に述べたように現代の消費社会にあっては、観光のリアリティと観光地住民のリアリティは（つまり「非日常」と「日常」のリアリティは）〈内破〉され重なり合う。観光客が消費する場所と、住民が生活する場所が現代の〈魔術〉のなかで共鳴しあうのである。観光客と住民双方にとって、特に都市空間の〈再魔術化〉は、モダニズムとしての都市空間における「意味」の不毛化に対する批判と、それからの救済という形で現出する。

「場所」とは何か。人文地理学者E・レルフ（E. Relph）は、「場所」とは意義に満ち溢れた〈実存空間〉であるという［レルフ，1976 = 1999］。そして〈実存空間〉は「様々な空間要素の広範な意味のコンテクストの中にある」［ibid.: 54］という。「場所」とは、人々の経験のなかで空間が間主観的に分節され、集合的な意味を持つ一つの「世界」であり、そのなかから人々がそれぞれの意味（例えば「思い出」や「歴史」）を紡ぎ出す一つのメディアでもあ

25　（筆者のインタビュー調査によれば）私的なホスピタリティの発動が禁止されている東京ディズニー・リゾートにおいて、園内キャストの熱狂的なファンと一部のキャストが私的につながっているといったようなこともある。サービス労働においても、私的ホスピタリティがまったくなくなることは実際にはない。産業化された世界においても、ホスピタリティのリアリティは「多層的」なものとも言えるが、「感情労働」における公私の「多層性」自体がストレスを生むこともある（サービス労働者となりつつある大学の教員も同様である）。

る。レルフはアボリジニーの文化が持っている実存空間と現代の工業国の実存空間とを比較し、「前者が『神聖』で象徴的なのに対し、後者は『地理的』で主に機能的・実用的な目的」を持つという。工業都市の空間は「生きられた」空間的な経験――レルフの言葉で言えば〈場所のセンス〉――に依存するものではなく、「等質空間」としての「認識空間」に依存している［ibid.: 170］。したがって、機能と効率に基づく都市空間は、脱文脈化され〈脱場所化〉される傾向にある。レルフにとって〈脱場所化〉された都市空間とは、均質で個性のない、〈聖性〉を失い〈脱魔術化〉された近代空間なのである。

レルフは、観光地はこの〈脱場所化〉の最大の特徴を持ち、「場所に関する個々人の本物の判断は、ほとんどいつも専門家や一般世間の意見に包摂されてしまっており、観光という行為とその手段が、訪れる場所よりも重要になっている」［ibid.: 198］という。すなわち、観光においては、観光対象は「客観的に」遠くから観察するもので、その空間が持つ〈場所性〉には関心が持たれない、あるいはたとえ「客観的に」関心を持たれたとしても、場所に内属しようとはしない。大衆観光地の俗悪化のみならず、場所を「洗練」させる効果も持つ〈ディズニー化〉、〈博物館化〉も含めて、「観光には同質化させる影響力があり」［ibid.: 214］、空間から〈場所性〉を奪ってゆくのである。レルフが観光に見るのは〈俗なる〉無機質な世界が、意味に満ち溢れた〈聖なる〉世界へと拡張し侵犯する姿なのである。すなわち、観光が行うことは「大小の地域的景観の破壊、ありきたりの観光建築と代用品の景観や偽りの場所へのすりかえ」［ibid.: 214］なのである。

レルフによる、場所に対する「本物の態度」と「偽物の態度」の区別、観光地の〈脱場所化〉の見解は、観光の現実創造力を考慮しておらず、エリート主義的な色調を帯びている。確かに、マス・ツーリズムが作り出してきた観光地はどこでも同じような店やレストラン、バーが並び、（欧米では特に）観光地の「場所」を「客観的」に見下ろす展望台や塔があり、海岸には享楽施設のある桟橋がある。観光客は観光地の〈場所性〉を本当に理解しようとしないのであろうか。

前述したように観光客は自分の住む場所と同じものを観光地に望んでいるわけではない。観光現象とは、自分の住む空間の〈場所性〉の喪失を観光地の〈場所性〉で補う行為――「癒し」とはこのことであろう――という側面も存在する。都市の〈脱場所性〉を嘆くがゆえに、自然を鑑賞しに農村、山岳地帯を観光する。歴史性を失った町の景観に飽いたがゆえに、名所旧跡を観光する。そして、D・マッカーネル（D. MacCannell）が述べているように、現代の観光者は必ずしもガイドブックが指し示す〈表舞台〉ばかり追いかけているわけではなく、たとえそれがまがい物であったとしても、〈舞台裏〉へと〈非日常性〉を発見しに行きたがる「本物志向」も持つのである［MacCannell, 1999］。マッカーネルによれば、〈非日常性〉のなかから〈聖なるもの〉を見つけようとする習性という点においては、近代以降の観光も前近代のそれと同様、巡礼的側面を持っている。フォーマルなものであれインフォーマルなものであれ、〈聖なるもの〉に近づこうとする観光客の通時的特徴をレルフは見落としている。

観光が現代文化に及ぼす影響という点において、以上のような混乱を整理して得た概念が、J・アーリ（J. Urry）による〈集合的まなざし〉と〈ロマン主義的まなざし〉の区分である。アーリは観光とはことごとく〈場所の消費〉であり、〈場所の消費〉の在り方は、大人数の観光客の存在を前提とし、そこにカーニバル的高揚感を求める〈集合的まなざし〉と、自分以外の大勢の観光客という「邪魔者」の存在に価値を置かずに場所の崇高さを求める〈ロマン主義的まなざし〉とがあると言う［アーリ，1995 = 2003 ; Urry, 2002］。レルフによる観光が作り出す〈脱場所性〉への批判は、主に場所の画一的な消費行動を特徴とする大衆観光の〈集合的まなざし〉を批判するものであり、「個性化」し、特化する〈場所の消費〉を特徴とするポスト・モダンの〈ロマン主義的まなざし〉を批判的分析の射程に入れてはいない（入れていても、〈ロマン主義的まなざし〉の〈聖なるもの〉志向性を考慮していない）[26]。

社会学の領域から〈場所性〉の変容に論じているJ・メイロウウィッツ（J. Meyrowitz）の『場所感の喪失 No Sense of Place ― The impact of Electronic Media on Social Behavior』からは、ポスト・モダン社会における情報消費の在り方がより明確に見えてくる［メイロウウィッツ，1985 = 2003］。メイロウウィッツにとっての〈場所

26　レルフはむしろ「ロマン主義的なまなざし」の視点から「集合的まなざし」を批判していると言える。

感〉は、E・ゴフマン（E. Goffman）が論じた対面的コミュニケーションが支える儀礼構造に根ざしている［ゴッフマン，1959 = 1981］。しかし、〈場所感〉の在り方はゴフマンが問題にしたような対面的状況によってばかりでなく、「情報アクセスのパターン」の変化によって変わりうると言う。ゴフマンが論じた対面的な状況のダイナミズムは、〈表領域〉と〈裏領域〉が分節され、それによって人々の行為が秩序づけられている（個人崇拝的）儀礼構造が条件なのである。しかし、現代の電子メディアの普及が「表」と「裏」の境界の在り方を変容させ、対面的なコミュニケーションの条件である儀礼構造を変えてしまう。つまり、電子メディアという〈内破〉的コミュニケーション・ツールが、「裏領域」と「表領域」との分節によってつくり出されていた（個人崇拝的という意味で）個人主義的な（あるいは伝統的な）、人間と場所とのつながりを崩壊させてしまうのである。こうして、人間関係を秩序づけ、人間の経験を組織化していた「場所」の定義は揺らぎ、ひいては「場所感」の喪失へとつながっていく。[27]

メイロウウィッツが注目したのは、コミュニケーション・メディアが演出する〈裏領域〉の露呈や〈裏領域〉と〈表領域〉の接近、両者の〈中間領域〉の出現である。[28] 彼の議論からは、〈表領域〉の機能性が〈裏領域〉を覆いつくし、世界をのっぺりと等質化させることへの言及はあまりない。そのことよりもむしろ彼が着目していたのは、「裏」と「表」との境界が溶解することにより、――ゴフマン流に言えば〈裏領域〉の不可侵性を守っていたのは提示や回避の儀礼的行為であるが、それが効力を失うことにより――〈裏領域〉が持っていた〈聖なるもの〉や〈非日常性〉が〈表領域〉に蔓延し、〈裏領域〉の〈聖性〉を消耗してしまうことである。すなわち、彼の言う〈中間領域〉の出現とは、〈表領域〉の全域化ではなくて、〈裏領域〉が〈表領域〉を覆ってしまう事態なのである。すなわち、メイロウウィッツがここで見ているのは、近代社会のなかで〈外部〉（だからこそ不可侵）であった、〈聖〉なる個人の領域

27　このことは、ゴフマンの関心の射的外である。
28　離婚や恋人との密会（パリのディズニー・パークだったことが象徴的である）等、自分の私的スキャンダル〈裏領域〉を露呈することを戦略としているサルコジ仏大統領は、まさに〈場所感の喪失〉（あるいはフランスの〈再場所化〉）を背景として登場してきた政治家である。

が社会に流れ出す、すなわち以前は情報消費（あるいは学校教育等）の対象でなかった領域が、情報消費（あるいは学校教育等）の対象になる事態なのである。[29]

観光における〈ロマン主義的まなざし〉は、観光消費の対象でなかった〈舞台裏〉も観光消費の対象とするものである。近づきがたい自然にロマン主義的思いをはせる、あるいは忘れ去られた遺跡の歴史的意味をたどる、こういった行為を観光消費の内部へと持ち込むことこそ〈ロマン主義的まなざし〉による観光である。マッカーネルが現代の巡礼と呼んだ〈聖なるもの〉を求めてやまない観光客によって、観光の〈裏領域〉は隠されることなく露呈され、またメディアによって演出され、そこへ向かう交通機関も整備され、その結果「裏」と「表」の〈中間領域〉としての「ロマン主義的」観光地が出現する。[30]すると、またその「裏」側に新しい〈ロマン主義的まなざし〉が向けられ、新しい観光地が産出されるといったような、〈中間領域〉産出の循環が展開される。

例えば、中国雲南省の大理と麗江との関係、さらに麗江が観光地化されてからの麗江と香格裏拉（シャングリラ）との関係が「表」と「裏」関係の循環に相当する。約二〇数年前には歴史的町並み（古城）を残していて比較的交通アクセスがよい[31]大理が〈ロマン主義的まなざし〉の対象となっていたのであるが、[32]その数年後には、外国人バックパッカーが住み着くようになった大理は〈ロマン主義的まなざし〉から外れ、そこから険しい山道を五時間ほどバスにゆられてたどり着く少数民族、納西族の町、麗江が〈ロマン主義的まなざし〉の対象となった。そして麗江がユネスコの歴史遺産に指定され、高速道路が開通し、飛行場も開港するようになると、麗江にも大量の観光客——外国人バックパッカーに代わって、急激な経済成長のなかで裕福になった国内観光客が主流となったのだが——が訪れ、古

---

29 学校教育の〈外部〉にあったものが内部化されたものの典型が性教育であろう。

30 マッカーネルは現代の観光者の欲望は、完全な〈表舞台〉から〈舞台裏〉の要素を取り入れた〈表舞台〉へ、さらには〈表舞台〉の要素を取り入れた〈舞台裏〉へと進んでゆくという [MacCannell, 1973]。

31 それでも雲南省の省都、昆明からはバスで七、八時間の行程だった。

32 このころ筆者は初めて大理と麗江を訪れ、その後も何度か訪れている。

写真 1-3　雲南・大理

城は観光客で溢れかえる。その頃になると、〈ロマン主義的まなざし〉はさらにその裏側、四川省とチベット自治区との境界近くにあるチベット族の町、香格里拉[33]に向けられるようになるのである。

こうして、観光消費の〈外部〉にあった〈聖〉なる場所は、次々に観光消費経済の内部へと編入されてゆく。メイロウウィッツの『場所感の喪失』はコミュニケーション・メディアの影響について述べたものであるが、〈裏領域〉が〈表領域〉に編入される形で〈中間領域〉が形成され、そのことが〈場所感の喪失〉へとつながってゆくという論理は、観光についても援用可能である。それは、マッカーネルによる観光の〈表舞台〉と〈舞台裏〉の循環の理論とも重なり合う[MacCannell, 1999][34]。かつて〈ロマン主義的まなざし〉が向けられ〈聖〉なる場所であったところは、個性を演出され、「洗練された」観光地へと姿を変えてゆく。大理や麗江の古城には土産物屋やバーが軒を連ね、夜は洗練されたライティングが施される。さながらディズニーのテーマパークのように古城は異物を排除してゆく。溢れる観光客のために、大理と麗江では古城の外側に新しい「古城」が出現している。洗練されてはいるが、生活のコンテクストから乖離した〈脱場所化〉はこうして進んでゆく。

33　この町の名称自体が観光用に作り変えられたもの（以前はチベット語でギェルタンという名であった）であり、名付けによる「定義代え」を意図したものである。

34　二人ともE・ゴフマンの理論を下敷きにしているので、相同性は当然の帰結ではあるのだが。

以上のように、観光地を均質化する〈集合的まなざし〉ばかりでなく、個性化する〈ロマン主義的まなざし〉もまた、〈聖〉なる場所の追求、すなわち〈場所性〉の回復を指向しながらも、結果的には〈脱場所化〉（そしてさらなる〈再場所化〉の循環）を促進することが分かる。このことはまた、近年の都市（あるいは農村）における「景観」への関心にも当てはまる。

先にふれたように、近年の都市（あるいは農村）における「景観」への関心は、近代化、工業化が促進してきた均質化や無機質化に対抗する形で現出してきたものである。均質化し脱コンテクスト化した街に、再びコンテクストを持ち込む、すなわち街の〈再魔術化〉が「景観」への関心の先にある。若林幹夫はこれを「モダニズムとしてのポスト・モダニズム」と呼ぶのであるが、これは観光の再魔術化のところで論じたものと同じように、〈脱魔術化〉する領域に、人工的に〈魔術〉を導入するというパラドキシカルな努力と言える［若林, 2003：276-281］。

このようにして現出した都市空間の人工的「イメージ化」あるいは「象徴化」は、いかに洗練されたものであったとしても、レルフが言う「実存的」な意味を生成するような〈場所性〉の獲得とは異なった方向へ向かう。すなわち、それは統一的な意味を生み出すような、超越的な象徴によって分節された文化に根ざそうとするものではなく、機能的空間に美的なもの象徴的なものを入れ込み、限定的な審美空間でそれを楽しむものになることが多い。それは、若林が強調するように、ヨーロッパの中世都市が持っていたような人間を統一的な意味で包み込む「記号システム」や「歴史」を持つことはない。[35] すなわちW・ベンヤミンが複製時代の芸術において〈アウラ〉の崩壊に伴ったものとして、〈礼拝的価値〉から〈展示的価値〉へのシフトを挙げているが、都市の「歴史的建造物」も同様の変容パターンをもって、現在のポスト・モダン的形態に至っているのである［ベンヤミン, 1936 = 1995］。都市空間の

35　ハウステンボスは一七世紀のオランダの町をモデルにしているというが、それは具体的な「歴史」ではなくイメージとしての「歴史」にしか過ぎない。また、言うまでもなく、そこは佐世保市の歴史や市民の集合的記憶や実存世界ともまったく関係がない。

イメージ化は、都市における〈場所性〉の再創造を志向していながらも、ポスト・モダン状況が特徴的に持つ〈アウラ〉の崩壊、〈聖なるもの〉の希薄化をむしろ前提としているのである。都市空間は、近代の道具的機能が〈礼拝的機能〉を破棄した後、その「荒れ地」の寂しさを〈展示的機能〉で補おうとしているのである。次に例を挙げよう。

筆者が住む北九州市は一九八〇年代終わりから、市の一番東にある門司港地区の港湾の「景観」整備に乗り出した（第五章参照）。当初は港湾の整備という名目で始められた事業も、観光のための景観開発にウェイトが移行し、近年ではその開発の主眼はほとんど観光のためとなっている。大正、昭和初期の歴史的建造物を一ヶ所に集め、さらにそこには行政が主体となって多くの新しい見学施設を作りながら同時に景観を統一し、「門司港レトロ」なる独特のイメージ観光エリアを建設していった。[36]古い建物も活用しているものの、計画段階で米国のコンサルタント会社に地区全体の設計を依頼し、アール・ヌーボー風デザインで統一しつつ、多くは新しく建造したものである。「門司港レトロ」地区にはほとんど住民が住んでいないため――以前はほとんどが港湾施設であったため[37]行政が自由に手を加えることができる地域だったこともあり[38]――歴史的建造物の移転、中国大連にある建物のコピー制作といった、行政による人工的な「保存地区」づくりが可能であった。観光客が年間二五〇万人くらいは訪れるものの、住民の生活とは切り離されたこの地区は、住民の文化や共有された記憶とはあまりにもかけ離れたものである。この地区の最も目立つ建築物がポスト・モダニズムの建築家であるアルド・ロッシの設計[39]によるホテルであり、一帯がこのホテルのデザインに統一されていることからも分かるように、この地区全体が人工的イメージ化によって〈場所性〉を再創造してゆ

36　もちろん一九九〇年代からの「レトロ」ブームによってあちこちに出現した〈ノスタルジー〉テーマパークの影響もあるだろう。

37　一部は戦後、米軍に接収されていた。

38　港湾地区によくあるように、この地区は、国と地方の行政区分も複雑であり、しかも、地方行政の内部においても様々な行政管理下に分断されてはいた。

39　正確には、設計を手がけたロッシは設計段階の途中で死去しているが、ロッシの遺作とも言える。

こうとする、ある種のポスト・モダニズム空間なのである。

大正期以降、石炭や鉄鋼等近代産業を背景にした積み出し港であったこの地区は、中国大陸、特に満州へとつながる航路を持つ国際港であったため、均質的な近代的建造物群とともに、権力を内外に示すような威厳を持った洋風建築物も存在した。しかし、戦時中の空襲でほとんど焼け野原になり、残された威厳のある洋風建築物が散見される程度であった。また、関門トンネルが開通した後は交通の要衝の位置から脱落し、また戦後における重工業中心の工業化からも取り残され、廃れていった場所ではある。しかし、高齢者を中心とした住民の生活が染みこんだ〈場所性〉はまだ残された地域でもあった。人工的な〈イメージ化〉による〈場所性〉の創出とは違った方法で、このような街に住民の〈場所性〉を保存する道はあり得たのかも知れない。だがしかし、主に九〇年代に行政主導で進めた「開発」は、「場所」を無視したとしか言えない建物の移転や新しいレトロ風の新しい建物群の建設であった。メディアの目にとまり、メディアと観光客を巻き込む形で〈ノスタルジー〉というリアリティを構築してゆくには、この方法が手っ取り早かったのかも知れない。住民の生活から隔離されたこの地区は、鉄鋼の町北九州市が工業化の果てに、〈場所性〉を失った結果に抗する形で、新たなるコンテクストを求めて人工的に〈イメージ化〉していったパノラマ空間なのである。この地区は恐らく、九〇年代から現在に至るまでに流行している、〈脱魔術化〉した街を視覚的に〈再魔術化〉しようとする行政手法を典型的に表したものであろう。北九州市の門司港レトロ地区開発が示す現代における都市の〈再魔術化〉の意味とは、脱コンテクスト化された街に、行政が〈物語〉を人工的に注入する政治的努力であり[40]、また都市の住民の方からすれば、観光客が消費する〈ノスタルジー〉という商品に自らの集合的リアリティを乗せてゆかざるを得ないくらいアイデンティティが希薄化した状況なのである。

以上のような都市の行政や住民による「景観」への着目について、若林は都市空間の情報化や消費化が進んでいるためだと言う［若林，2004：201-215］。交通の発達や情報化によって、空間の均質化が進み〈場所性〉が衰退し

40 その延長線上に小泉政権の「観光立国論」がある。

写真 1-4　門司港レトロ地区

てくると、都市工学的にその魅力を高めようと、資本や行政がそこに手を加えるようになる。空間は演出されるようになり、街は次第に審美的に情報化されてゆく。また、空間演出の商品化は人々に空間の審美性への関心を呼び覚ませてゆく。[41]均質化に対抗する形で地域の歴史の掘り起こしや、観光によるまちづくりも人々の関心を引くようになる。先進国のいたるところでなされている（特にウォーターフロント開発としてなされている）街の〈ジェントリフィケーション（gentrification 貧民街の浄化）〉、日本における近年の「景観」論争、あるいは観光を使ったまちづくりの流行はこのような形での〈場所〉の〈再魔術化〉と関係がある。[42]

41　門司港レトロ地区でも多くのマンションの建設が進み、よく売れている。「景観」の価値の増加は「場所」の商品価値の増加として実体化されていると言えよう。

42　高齢化率が三〇％を超える地区を多くかかえる北九州市門司区は、高齢者が孤独死する例が後を絶たず、北九州市の福祉行政の問題点を体現するエリアでもある。ここは、観光と「にぎわい」のリアリティと、福祉行政の行き詰まりと「衰退」のリアリティとが競合し、多田治の言う「リアリティの二重性」［多田，2004］をかかえている。この問題については第五章で再度述べる。

まとめ

現代の観光現象が〈脱魔術化〉する力と〈再魔術化〉する力が交錯しながら現われてくること、特に産業化された観光のなかでは、それが産業社会の〈外部〉を内部化するという過程を経ることを述べた。近代化の進展は日常世界を機能性と効率性という〈脱魔術化〉した無機質性で覆ってしまう。しかし、これは主に経済活動の現象面だけから見た近代化の半面の姿でしかない。拡大し続ける近代の経済発展を押し進めているのは、人間の欲望という機能性とは別の原理で動く「内燃機関」である。このことに観光が重要な役割を担っていたのであるが、その役割には二つのものがあった。一つは労働者の身体を近代的なものにするための規律訓練的教育の役割である。例えば、一九世紀のヨーロッパにおいて観光産業を始めて組織化していったトーマス・クックが観光の普及のなかで取り組んだのは禁酒運動だったのである。健全なレジャーとしての観光、観光をとおして知る国家の近代化、及びさらなる近代化の夢の追求等、観光がそのイデオロギー形成的役割をとおして近代的労働者を形成するのに果たした役割は大きい［須藤，遠藤，2005：53-62］。もう一つは、〈場所の消費〉によって、経済の拡大に貢献し、さらに〈非日常性〉や〈他者性〉を日常のなかで消費しようとする欲望の形を、大衆文化一般のなかに植え付けていったことである。交通と電子メディアの発達もこの欲望の形成には大きく寄与していた。この章では後者の〈場所の消費〉の欲望に焦点を当てたのであるが、重要なことは、近代が機能と効率を求めるなかで〈非日常〉や〈他者性〉を求める欲望を否定していったのではなく、むしろその欲望を利用し日常世界に蔓延させていったことである。特に一九七〇年代以降の先進国においては、〈場所の消費〉としての観光は、消費社会の特徴であるイメージ消費の中心的役割を担ってゆく。さらに観光の欲望は、「こころ」や身体の充足や変容、あるいは観光地における対人コミュニケーションの消費にまで進みつつある。[43] そして、こうした欲望の在り方は、観光地やその住民に「まなざし」を向ける観光客の行動パターンを形作ってきただけではない。観光地住民の欲望もまた、観光客から向けられる「まなざし」を内面化するなかから形成されるようになる。こうして、観光消費に対するイメージ開発は、「まちづくり」等の集合的アイデンティティ形成の政治的手法にまで拡張されてゆく。

近年、地域文化や環境に対するマス・ツーリズムの破壊性が批判されている。これには、先に論じた観光の〈集合的まなざし〉に対する〈ロマン主義的まなざし〉からの批判が多い。〈ロマン主義的まなざし〉の欲望が〈集合的まなざし〉の欲望を洗練させたものであり、その延長線上にあることに注目する必要がある。マス・ツーリズムを批判する〈ロマン主義的まなざし〉は、〈集合的まなざし〉が持っていた未分化で粗野な〈非日常性〉や〈他者性〉への希求を、大衆観光消費の〈外部〉にあり〈まなざし〉を注がれずにいた文化や歴史や自然へと拡張し、多くは〈ノスタルジー〉として差異化し洗練させてゆく。そして観光の欲望は、さらに人間関係へ、また視覚的経験を超えて、「自己実現」や「癒し」等の心的及び身体的経験へと広がってゆく。すなわち、ポスト・モダン化の流れのなかで、マス・ツーリズムの欲望は、画一的なものから、「個性的」なものへと特化し、その欲望の対象はより「内面的」なものへと拡張し深化してゆくのである。すなわち〈ロマン主義的まなざし〉は〈集合的まなざし〉の対極としてあるのではなく、〈集合的まなざし〉の持っていた観光の欲望をより推し進めたものである。アーリの〈ロマン主義的まなざし〉批判もこの点に注目したものであった［アーリ，1995 ＝ 2003：211-249］。

マス・ツーリズムへの批判としてもう一つよく挙げられるのは、その開発の〈外発性〉である。もちろん、持続的な観光地経営という点においては、マス・ツーリズムにありがちな大手デベロッパーによる〈外発的〉開発が問題の多いものであることは明らかである。しかし、〈非日常〉の追求という観光客の欲望の出所という点においてそれ

43　ディズニーランドはこの点では一歩先んじていた。消費社会論一般においては、森真一による「お客様社会論」が興味深い。彼によれば、現代の客は店で商品を購入するだけでなく、店員とのコミュニケーションそのものを購入（消費）する傾向があると言う［森，2007：217-232］。そこで、客がコミュニケーション消費に不満を持てば「クレーマー」と化す。「買い物依存症」についても同様のラインで理解できる。観光においても（特に日本では）「お客様社会化」が進んでいる。逆に観光における「お客様社会」化を進めようとしても一向に進まない国もあり、「お客様社会」から来た観光客とのトラブルの原因となることも多い。

は、けっして〈外発的〉なものではない。むしろ観光客に共有される〈内発的〉な欲求が、観光地形成の大きな力として、〈集合的まなざし〉においても、〈ロマン主義的まなざし〉と同様に見られるのである。また、先に論じたように、観光地住民の欲望が、観光客の欲望を内面化あるいは〈転移〉[44]させたものであることにも注意を向けなくてはならない。観光地は観光地住民と観光客の欲望が共振し交錯しながら、さらに主に、観光業者が提示する欲望の方向と観光客の欲望のあり方が一致したときに、ある形態を形作る。確かに観光地づくりが、主にバブルの時代に〈外発的〉な企業活動による「開発」として行われ、観光地住民の幸福に必ずしも寄与しなかった事例も——特に筆者の住んでいる九州においては——よく見られた。[45]とは言え、観光地づくりというものは、マス・ツーリズムのものであっても、地元住民が積極的に参画している例も多いのである。[46]観光産業は、イメージ産業であるため、観光客と共鳴しつつイメージの創造に参画することで、住民の気持ちも高揚させてゆく。したがって、マス・ツーリズム＝外発的、ポスト・マス・ツーリズム[47]＝内発的、という図式は単純すぎる。観光地住民と観光客双方にとって、マス・ツーリズムのなかで「偽」の欲望が鼓舞され、ポスト・ツーリズムでは「真」の欲望が鼓舞されるわけではない。観光の欲望はどちらもイメージ優先なのであり、〈内発的〉な要素を持っている。問題はその〈内発性〉が観光を消費社会の内部へと吸引してゆく力なのか、その外側へと連れ出す力となるのかというところにある。

　この章の最初に述べたように、観光とは〈非日常性〉の追求であり、日常の現実とは異なる「もう一つの現実」を

44　遠藤英樹はラカンの概念を使って、他者の思いや欲望を自分のものとして自らの内面にとりこんでしまう「転移」（もとは精神分析医とクライアントの間で起こるものを指す）が観光客と地域住民のアイデンティティの間で起こるという［遠藤，2007］。

45　鶴見和子の「内発的発展論」はこの文脈においては正しい［鶴見，1989］。しかし、観光においてはコミュニティの利害がいつも一致するわけではなく、「内発的」なものが常に住民の幸福につながるわけではない。

46　第一章補論の別府温泉の形成過程を参照のこと。

47　ポスト・マス・ツーリズムとはエコ、文化、グリーン・ツーリズム等の持続的ツーリズムばかりでなく、産業観光や近代遺産観光、廃墟観光等の特化したツーリズム一般を指している。

求めて、日常の〈外部〉へと向かう欲望——アーリはこれを「departure」［Urry, 2002］と表現している——に根ざしている。そのような意味においては、観光は世界を〈魔術化〉する行為なのである。そして、近代以降の観光は、産業社会の〈外部〉にある〈魔術〉を〈内部〉へと編入する運動のなかにあったことを見てきた。この意味において現代の観光は、世界を〈再魔術化〉する勢力のなかにあって、その重要な位置を占めているのである。この点を再度確認しながら、最後にわれわれがどこに向かうべきなのか展望してみよう。

産業化された観光が〈非日常性〉の日常化というループのなかにあるとすれば、観光の〈非日常性〉〈他者性〉を守るためには、このループから抜け出すしかない。これには二つ道がある。一つは産業社会の〈外部〉にあるものを、〈内部〉に引き込まずに（つまりループのなかに入れずに）〈外部〉にあるままの状態を保つことである。例えば、自然保護と自然観光とを両立させることを目指すエコ・ツーリズムである。幸いエコ・ツーリズムは、現状では地域経済を支えるほどの産業としては成り立たない。筆者がハワイにおけるエコ・ツーリズムについて調査した結果では、エコ・ツーリズムは小規模な産業としては成立するとはいえ、大規模に産業化されることは現在のところ無理があるというようなものであった。[48] サステイナブル・ツーリズムの多くは、受け入れ客数が限定されている割にコストがかかるため、同様の状況であるものが多い。[49] 言うまでもなく経済活動の〈外部〉だったものが産業化の対象になるためには、そこに利潤が発生することが条件であり、コストが収入を上回るものは産業化されることはない。これらの例は消極的な理由ながら〈外部〉を〈外部〉として謳歌できる可能性を持っている。しかし、収入がコストを上

48　訓練を積んだガイドの必要性、入山制限や天候依存性、季節変動、事故対応、保険等、小規模なツアーに様々なコストがかかり、コンスタントに大きな収益を得ることは難しい（六章参照のこと）。したがって、現在のところ、ハワイではＪＴＢハワイ等大きなランドオペレータはエコ・ツアーに直接かかわってはいない。ただし、エコ・ツーリズムの小さな会社やＮＰＯが、ランド・オペレータやホールセラーの下請けとして利用される可能性はある。

49　サステイナブル・ツーリズムは政治的に利用されたり、学校教育に取り入れられたりして間接的に産業社会「内部」へと既に「密輸入」されていると見ることもできる。

回る方法が何らかの理由で開発された場合その限りではない。またサステイナブル・ツーリズムの多くは、保護のための法的条件があって成立しているものも多いため、法的条件の変化――例えば「規制緩和」――による影響を受けやすい。もう一つは産業社会の〈内部〉にあるものを〈外部〉に出すというものである。[50] これは、今までサービス産業として観光産業に取り込まれていたものを、サービスに頼らずに極力個人の力で行ってしまうものである。例えば、バックパッカー・ツーリズムがそれにあたる。また、家族同士でホームステイを安価で交換し会う民間団体等もこの内に入るかも知れない。ただし、一九八〇年代に格安航空券を主に扱う多くの旅行代理店（秀インターナショナル、マップ・インターナショナル等）の起業が、バックパッカー経験者を中心に、そしてバックパッカー観光に利便性を与えるべくなされたことからも分かるように、バックパッカー・ツーリズムもかなりの部分観光産業の対象になっているのである。[51] したがってこれらも、条件さえ変われば、観光産業（あるいは教育産業）のなかにさらに内部化される可能性もある。この他にも、いくつか〈外部〉を〈内部〉化しない方法を構想することはできるかも知れない。

〈外部〉を〈外部〉のまま存続させる運動、〈内部〉にあるものを〈外部〉に救い出す運動、どちらも実際には単純な図式では表し得ない多重性を持ったものである。〈外部〉が表層においては商業化され内部化されながらも、深層においてはそれを売り渡すことを拒む人々のプライド（伝統的なもの、脱伝統的なもの両方を含む）が存在していることも多い。[52] この章ではあまり強調しなかったが、消費社会化に内在しつつ、それに抵抗する多重性は、〈外部〉を〈内部〉化しようとする資本の力、あるいはそのような市場化を世界に拡張してゆこうとするグローバリゼーション

50 ここでの〈外部化〉は、シャドー・ワーク的労働を外部に追い出し外部にいる差別された存在（例えば女性）に負担させることとは、むしろ反対の流れである。
51 バックパッカー・ツーリズムについては、第五章を参照のこと。
52 また逆に売り渡せない〈外部〉を保持しているように表層では意識しつつも、深層においては無意識の「商魂」がうごめいていることも多い。

写真 1-5　ハワイ（オアフ島）のエコ・ツーリズム

の勢力にとって、利用（exploit）すべき甘美な「和声」であるとともに、大きな威嚇でもある。

　しかし今、観光研究において重要なことは、現代の消費社会化とグローバリゼーションのなかで、観光が向かっている方向を、多少教条主義的に見えようとも、正面から見据えることである。構想するのはそれからでも遅くはない。繰り返すが、現在先進国においては、今まで産業化されなかった人間の情緒的部分が急速に産業化されつつある。アメリカでは〈ボボズ bobos〉[53]といった「審美的」で「創造的」な労働に携わる〈クリエイティヴ・クラス〉と呼ばれるエリート層が出現し、〈ロハス lifestyles of health and sustainability（健康と環境に優しい生き方を提唱するライフスタイル）の短縮形〉といったような、環境問題や健康に関心を持つライフスタイルが、彼らを中心とした層から提唱されている［橋本，2007］。日本でも話題になっている〈ロハス〉は既に産業化され消費対象を見つけつつある。世界は自然、人間領域を大きく巻き込みながら〈再魔術化〉されようとしている。

53　ブルジョアとボヘンミアンを合わせた造語。自由な創造性を売り物にする新しいエリート。

〈参考文献〉

Graburn, NelsonH.H.（1989）. Tourism: The Sacred Journey. In *Host and Guest: The Anthropology of Tourism.*（Smith, L.Valene, Ed.）

Hendry, Joy.（2000）. *The Orient Strikes Back*. New York: Berg.

MacCannel, Dean.（1999）. *The Tourist - A New Theory of the Leisure Class*. Berkeley: University of California Press.

――――（1973）. Staged Authenticity: Arrangement of Social Space in Tourist Settings, *The American Journal of Sociology*, Vol.79. No.3. University of Chicago.

Ritzer, George.（1999）. *Enchanting a Disenchanted World*. Thousand Oaks: Pine Forge Press.

――――（2004）. *The Globalization of Nothing*. Thousand Oaks: Pine Forge Press.

Urry, John.（2002）. *The Tourist Gaze: Leisure and Travel in Contemporary Societies*, 2nd edition. London: Sage.

アーリ，ジョン．（1995 = 2003）．『場所を消費する』．法政大学出版局．

ウェーバー，マックス．（1920 = 1989）．『プロテスタンティズムの倫理と資本主義の精神』．岩波書店．

ゴッフマン，アーヴィン．（1959 = 1981）．『行為と演技』．（石黒毅，訳）誠信書房．

ジェイムソン，フレデリック．（1987）．『反美学―ポストモダンの諸相』．（Foster, Hal, Ed. 室井尚，吉岡洋，訳）勁草書房．

シュッツ，アルフレッド．（1980）．『現象学的社会学』．（森川眞規雄，浜日出夫，訳）紀伊國屋書店．

デュルケム，エミール．（1915 = 1995）．『宗教生活の原初的形態（上巻）』．（古野清人，訳）岩波書店．

バーガー，ピーター．バーガー，ブルジット．ケルナー，ハンスフィールド．（1974 = 1977）．『故郷喪失者たち』．（高山真知子，馬場伸也，馬場恭子，訳）新曜社．

バーガー，ピーター．L．（1967 = 1979）．『聖なる天蓋―神聖世界の社会学』．（薗田稔，訳）新曜社．

ブーアスティン，ダニエル．J．（1962 = 1964）．『幻影の時代―マスコミが製造する事実』．（星野郁美，後藤和彦，訳）東京創元社．

ベンヤミン，ヴァルター．（1936 = 1995）．「複製時代の芸術作品（第二稿）」『ベンヤミンコレクション1―近代の意味』．（久保哲司，浅井健二郎（編訳），訳）筑摩書房．

ボードリアール，ジャン．ギョーム，マルク．（1994 = 1995）．『世紀末の他者たち』．（塚原史，石田和男，訳）紀伊國屋書店．

――――（1981 = 1984）．『シミュラークルとシミュレーション』．（竹原あき子，訳）法政大学出版局．

――――（1970 = 1995）．『消費社会の神話と構造』．（今村仁司，塚原史，訳）紀伊國屋書店．

ホックシールド，アーリー，R．（1983 = 2000）．『管理される心―感情が商品になるとき』．（石川准，室伏亜希，訳）世界思想社．

メイロウウィッツ，ジョシュア．（1985 = 2003）．『場所感の喪失（上）』．（安川一，高山啓子，上谷香陽，訳）新曜社．

リッツア，ジョージ．（1996 = 1999）．『マクドナルド化する社会』．（正岡寛司，訳）早稲田大学出版部．

――――（1998 = 2001）．『マクドナルド化の世界』．（正岡寛司 監訳，訳）早稲田大学出版部．

レルフ，エドワード．（1999）．『場所の現象学―没場所性を越えて』．（高野岳彦，石山美也子，阿部隆，訳）筑摩書房．

遠藤英樹．（2007）．『ガイドブック的！観光社会学の歩き方』．春風社．

伊豫谷登志翁・成田隆一（編）．（2004）．『再魔術化する世界―総力戦・〈帝国〉・グローバリゼーション』．お茶の水書房．

大澤真幸．（2007）．『ナショナリズムの由来』．講談社．

神崎宣武．（2004）．『江戸の旅文化』．岩波書店．

須藤廣．遠藤英樹．（2005）．『観光社会学』．明石書店．

多田治．（2004）．『沖縄イメージの誕生―青い海のカルチュラル・スタディーズ』．東洋経済新報社．

鶴見和子．（1989）．「内発的発展論の系譜」『内発的発展論』．（鶴見和子、川田侃、編）東京大学出版会．

宮田登．（2006）．『宮田登日本を語る7．霊魂と旅のフォークロア』．吉川弘文館．

橋本努．（2007）．『自由に生きるとはどういうことか―戦後日本社会編』．筑摩書房．

見田宗介．（2006）．『社会学入門―人間と社会の未来』．岩波書店．

森真一．（2007）．「『お客様』社会―人間は客になるとなぜ暴力をふるうか」『現代文化の社会学入門』（小川伸彦、山泰幸、編著）．ミネルヴァ書房．

山之内靖．（1993）．『ニーチェとウェーバー』．未来社．

若林幹夫．（2003）．「ディズニーランドとサイバー都市―現代都市の神話とイデオロギー」『情報化と文化変容』．（正村俊之、編）ミネルヴァ書房．

―――（2004）．「都市の景観／郊外の景観」『〈景観〉を再考する』．（松原隆一郎他、編）青弓社．

鷲田清一．（1999）．『「聴く」ことの力』．阪急コミュニケーションズ．

第一章補論

戦前の別府と温泉観光地の近代[1]

表象と現実の関係を逆転していったのは一九七〇年代以降における先進国のポストモダン社会であった。その背景にはこの時代に消費の欲望の変化があったことを、第一章で論じた。では、ポストモダン社会が訪れる前までは、物質的生産と消費が民衆の生活を支配し、そのためにこそ日常の時間とエネルギーの大半を費やし、それ以外の欲望は抑圧されていたのだろうか。それは一面では正しく、一面では間違っている。たしかに近代的労働に「国民」全員を引き入れるためには、近代的労働の倫理を阻害するような欲望は否定されたであろう。しかし、工場労働に代表されるような近代的（抑圧的）労働そのものを推進するには、そのための「内燃機関」［重信，2000］が必要だったのである。近代的労働者は、労働を動機づける「方向性」もなく、ただ単に「奴隷」のように働かされていたわけではない。近代的労働倫理と親和性のある欲望は大いに鼓舞され、国民大衆もそれに乗っていったと見るべきなのであり、それなしには近代化は成し得なかったのである。そして、近代初期に近代的労働のイデオロギーと親和性のある余暇の一つに観光――特に温泉観光――があった。

1　この稿の資料の一部は戦前の別府の観光化を卒論でまとめた丸山あいねが集めたものを使った。また、別府の市誌に詳しい民俗学者、重信幸彦の助言を受けた。

江戸の初期から温泉観光は「湯治」という形で発達してきた。特に江戸中期に京都の名医後藤良山が温泉治療を大いに勧めたことから、湯治は庶民の間に広まっていった［松田, 2007：73-91］。江戸の中期には伊勢参り等の巡礼旅同様、湯治旅にも比較的簡単に通行手形が発行された。この時代にはすでに湯治は庶民の間に広まっていたのである。江戸時代の湯治は「治療」という名目ではあった。しかし実際には、湯治客は湯治場付近の神社仏閣を訪れたり、帰りには湯治場で出会った人々を訪ねたりしていた。「治療」という名目ではあれ、観光的側面が大いにあったのである。別府は古くから「東の熱海、西の別府」[2]と言われていたが、地理的には便利な所ではなかったにもかかわらず、江戸時代末期の温泉番付（『諸国温泉効能鑑』）には、西の前頭三枚目に別府の浜脇温泉（現在の別府駅から南に歩いて二〇分）が、同じく前頭五枚目には別府温泉（現在の別府駅近く）が入っている［松田, 2007：39］。一八〇〇年頃の別府八湯には砂湯、蒸し湯、滝湯、共同浴場等があり、別府村だけでも内湯がすでに十個所あった［別府市役所, 1973：33］。明治期に入っても別府は湯治場として民衆に人気があった。すでに人口掘削機が導入されていた明治一九〇二（明治三五）年には内湯を持つ旅館が一四〇軒あり、さらに日豊本線が開通した同一九一一（明治四四）年には旅館が二八六軒、源泉数五九三、年間の年間浴客数も五〇万人――一八八四（明治一七）年のデータでは約一四万人であるから三〇年弱で四倍近くになった――を越えていた。しかし、このころはまだ湯治客が主流であり、別府は湯治場として全国に名をはせるようになったのである。しかし、湯治における治療法は時間がかかるものであった。一巡り七日と言われ、一般的には三巡り二一の日程で治療をするものであり、湯治にかかる日数はとても近代的な労働の慣行に合うようなものではなかった。

明治末から大正期になると、湯治とはまったく異なる民衆の温泉とのかかわり方が日本の各地で始まった。ここに

2　別府という地名は近世になってからできたものであり、平安時代には「敵見（アダミ）」あるいは「朝見（アサミ）」と言われ、もとは温泉地であることを表す「アタミ」と言われていたようである。別府はかなり古くから温泉地として知られていたのである［松田, 2007：24-25］。

きて西の代表的湯治場別府の姿は一変する。船便と鉄道の発達と大衆文化の流入である。別府港の開港は一八七三（明治六）年であり、一八八四（明治一七）年には大阪商船が別府―大阪航路を開設し、その後には宇和島航路、広島航路も開始している。人口規模が大きい関西地区と別府が結ばれたことの意味は大きく、後に多くの入湯客、観光客がこの航路を使って押し寄せるようになった［別府市役所, 1973 : 317-320］。人口も増え一九〇六（明治三九）年には別府と浜脇両村が合併して人口約七千人の町に昇格している。また、一九一一（明治四四）年に日豊本線が別府まで線路をつなげた（別府―大分間には既に電車が走っていたが、日豊本線も同年に大分まで線路を延ばしている）。こうして当時人口が多かった門司や八幡地区と別府が結ばれることになる。一九三四（昭和九）年には久大本線が開通し福岡地区と別府が結ばれた。また、日豊本線の開通に対抗して大阪商船も七〇〇トン級の旅客専用船を隔日に就航させ、関西方面からの客をさらに増加させた（後に大阪商船は日に二便と便数を増やしている）。

交通の発達は、湯治とは異質の客をこの町に運んできた。観光客の出現である。最初に登場する観光客は別府の山手に別荘を建てた高額所得者層である。このころは、まだ温泉を楽しむのは一部の高所得者が中心であった。しかし、昭和初期になると地元新聞には工場労働者や修学旅行生の記事も多く出現しており、別府観光は次第に大衆化していったことが分かる。大正期には既に、休日や休暇などの労働者の余暇時間も一般化し、余暇への関心も民衆の間で広がっていった。特にこの時代、活動写真に関心が集まっていた（大正一〇年の大阪市における常設民衆娯楽施設の入場者数の約半分が活動写真館の入場者であった［国立国会図書館, 2007］）ことが、後述するように、窓枠から切り取られる風景を弁士（＝バスガイド）が物語るバス遊覧の形態に大きな影響を与えることになる。日本の大衆文化の原型はこのころ生まれたものが多く、この時代は大衆消費社会の出発点であったと言えよう。以上のように、交通機関の発達と余暇の出現によって、全国の有名温泉観光地は、「湯治」といった牧歌的な風情よりも、大正時代から本格的になった近代的な「発展」の夢、「モダン」文化への憬れ、外国人との遭遇、といった明るい未来に向けて、きらびやかなイメージを演出するようになる。そのなかでも、ひときわ近代の大衆温泉観光地の特徴を持って発展していったのは大分県別府市であった。関西と航路で結ばれ、福岡、北九州地区と鉄道で結ばれた大衆温泉観光地別府は、大衆文化の開花を迎えた都市のモダンな風を迎え入れただけでなく、国際観光地として海外のモダンも迎え入れて、湯治場の風情とはまったく異質の、モダンを極めた人工的アトラクション都市へと変貌していった。温水プール、テニスコート等の体育施設、動物園、宝塚歌劇団をまねた少女歌劇団のショーも行われた鶴見園、スイスから輸入したケーブルカーを持ち、アヒルレースが人気を博した別府遊園地等がその代表格である。このような施設は、大正から昭和初期にかけて次から次へと建設され、別府の街はモダンな遊興施設なら何でもありの様相を呈していった。さらに、主に中国大陸からの外国航路でやって来る外国人観光客の存在と、何度も開かれた国際博覧会が、別府の街に新しい風を絶えず吹き込んでいた。このころの様子を地元新聞は次のように伝えている。

別府はジャズと女、エロと酒のスバラシイ發展を見せ、因襲や伝統は勇敢に蹴飛ばしてモダーンへ、ア・ラ・モードへの急テンポな行進を続ける。旧式な縄のれんや飲食店は次第に影をひそめてネオンサイン華やかなカフェーに早変わり（中略）やがて爛漫の櫻に賑ふ湯の街の春こそ、ジャズと女、エロと酒の華々しいモノローグでなくてなんであらう［豊州新報：一九三一（昭和六）年一二月二三日付］

この記事からも大正から昭和にかけて一気に開発が進む温泉観光地を訪れる観光客の解放された欲望エネルギーが伝わってくる。このように別府が観光地として急速に発展していったのは、大正から昭和初期にかけて、急激な工業化による経済成長と、日清、日露戦争を経て膨張した日本人の国際的自信を背景にした民衆の欲望の爆発によるものであった。温泉地別府に行けば近代的レジャーに何でも触れることができたのであり、近代国家日本の国民としての夢が常に展示されていたのである。

しかし、解放された民衆の湯治場から近代的な温泉地観光地への再編成のなかで欲望の爆発に「乗せられ」ていったのは、観光客だけでない。観光地住民もこの欲望の爆発と空間の再編成の誘惑へと吸引されてゆく。重信が言うように「他者に『見られる』ことによって、遊覧側に生ずる、より積極的に自らを他者の視線に曝して演じていく「見せる」という構え方」［重信, 2000：21］こそ、欲望の解放装置づくりに演者として住民が積極的に参加することにより完成する、産業としての観光地が産出するものである。これは第一章にあげた、観光地における欲望の「転移」現象という視点と重なる。別府においては、このことが最も顕著に見られたのは、遊覧バスシステムの展開に住民も関与していったことである。

鬼山地獄は，現在でも同様な演出で存在している

前近代の湯治客の旅とは質的に異なる速度と合理性を期待する新しい観光客向けに、日本で初めてのバスガイド付き遊覧バスを油屋熊八設立の亀の井遊覧自動車（株）が走らせたのは一九二八（昭和三）年のことである［別府市役所, 1973：606］。二五分ごとに発車する少女車掌解説付き遊覧バスは、田園地帯に点在していた「地獄」（源泉が地上に吹き出しているところであり、いくつかは江戸時代からあった）を結ぶものであり、客にとってそれは窓の外側に移りゆくパノラマを一つの物語として経験するシステムであった［重信, 2000：30］。視覚を聴覚で補うこのパノラマ物語バスは住民の観光への意欲を焚きつけてゆく。地元住民の手により、次から次へと「地獄」は「発見」され増殖してゆく。また既存の「地獄」も負けじと過剰な演出をしていった。なかには「地獄」の熱で鰐を飼育し演出の道具とするところ（鬼山地獄）まで現れた（写真）。バスガイド付き遊覧バスのシステムは、バスによる遊覧の効率性の増加と「地獄」所有者市民によるストーリーの増殖とが相まって別府の空間の意味を再編成していった。交通の発達は単なる移動の利便性の増加だけを意味するものではない。それは「空間と時間を編成し、そこに新たな意味を創出しながら、『見る』『見られる／見せる』という関係を作り上

「集合的まなざし」による大衆観光地別府の象徴だった別府タワー。英国の海浜観光地ブラックプールを偲ばせる。

1894年に建てられたブラックプール・タワー＆サーカス。近代観光地には高所から見下す装置が必ずある。

げていく多様な仕掛け」[ibid.：21] なのである。[3]

　また、後に他二社が参入し、しのぎを削った「地獄めぐり」のバスシステムは、市の境界を外れて点在する「地獄」を市内へと回収しようという気運を生んだ。一九三五（昭和一〇）年に別府市周辺部の別府市への編入が行われ、別府市は、湯治場という観光客と地元住民が同じ儀礼のなかで暮らす〈場所性〉とは完全に切断された、人工的な一大遊覧観光都市へと再編成されていった [ibid.：33-36]。住民と行政が一丸となって「地獄」という虚構の物語を国内ばかりでなく、（満州、朝鮮、台湾も含めて）外国に向けて、組織的に見せるという姿勢は、一九三七（昭和一二）年に開催された一大イベント「国際温泉観光大博覧会」へと結実していく。別府は町をあげて、人工的欲望製造装置を〈内発的〉に作り出していったのである。そして、この後、別府が迎える浴客は年間百万人を超える [別府市役所，1973：39]。

　大正から第二次大戦前にかけての観光都市別府発展は、人工的な旅の欲望創造に向けた近代の「内燃機関」の諸力が、観光客と観光業者のみならず観光地全体を、産業の発展という目的地へとまさに〈内発的〉に運んでいったことを示している。日本の近代化の背景には、学校教育の普及を背景に「禁欲的」な労働倫理の教化があったことも重要ではあるが、少々猥雑なものも含めてモダンの〈ものがたり〉の追求や、それを背景にした大衆芸能、大衆娯楽の開花も欠かせなかったのである。テクノロジーの発展と欲望の爆発とは近代化の両輪なのではないだろうか。そのなかにあって日本では温泉観光は重要な位置を占めていたのである。〈ものがたり〉を破壊し〈脱魔術化〉する近代の合理性は、同時に〈再魔術化〉（＝〈ものがたり〉の再創造）のマグマを地底にから吹き上げていたことも見逃してはならない。戦前の温泉地は、文字どおりマグマの集積地だったのである。

3　さらにまた、一九二七年、新聞社主催の「日本新八景」に別府が選ばれた過程に、地元住民の激しい推薦運動があったことからも、別府の観光地化には「地獄」の所有者の住民ばかりでなく、一般住民も大きく関与していったことが分かる［重信 2000：23-24］。

〈参考文献〉


国立国会図書館．（2006）．『日本の「美しき時代」―大正時代に生まれたもの』（第一四三回常設展示用資料）．

重信幸彦．（2000）．「春はバスに乗って―昭和初期・別府における交通と、遊覧の空間の成立に関する一考察」『叙説ＸＸ』．花書院．

別府市役所．（1973）．『別府市誌』．

松田忠徳．（2007）．『江戸の温泉学』．新潮社．

第二章 難民が観光資源となるとき

在タイミャンマー難民カヤン族の観光化

はじめに——観光の「場」における互酬的「非日常性」の喪失

観光に対する欲望の源泉が〈非日常性〉や〈他者性〉への憧憬であることについて、第一章で述べてきた。観光地の日常の景観、風俗、歴史、人間関係の在り方を、観光客は新奇なもの、非日常的なものとして経験する。また、観光地住民はそのことを知っており、自分たちの日常が非日常として経験されることを受容することによって、観光地は成立している。

このことは一見、観光客が持つ欲望に観光地の住民が屈服することのように思える。だが、他者の経験を受容することは、他者に何かを差し出すだけで、自分に何も得るものがないということを、必ずしも意味するものではない。「ホスピタリティ」については前述したとおりであるが、もう一度ここで整理しておこう。「ホスピタリティ」、つまり他者を受け入れるということは、その過程で自己が他者によって変容することなのである。鷲田清一は「自己の他者化」すなわち、他者の受容によって自己が壊されることが、実は自己の癒しにつながると言う［鷲田，1999：133-140］。ここからは、観光客が、観光地の〈他者性〉そのものと、それを受容することによる〈自己変容〉を楽し

写真 2-1　ナイソイの観光村

むように、観光客を受け入れる観光地住民もまた、観光客の〈他者性〉と、それによる「自己変容」を楽しむ、という互酬的行為の「理念型」を想定することができるのである。

　この「理念型」に近い形が存在したこともよく知られている。第一章で触れたように、江戸時代、街道筋の住民が、おかげ参りの参拝者たちに食事、衣料、宿ばかりか金銭まで喜捨した。旅人が民間の住居に泊めてもらうこともよくあった。もちろん、こういった日常と非日常の互酬的交換のモデルが、すでに貨幣経済が浸透していた江戸時代（特に中期以降）の巡礼客とそれを受け入れ街道筋あるいは巡礼地住民に、必ずしも理想的に成立していたわけではないことも指摘しておいたとおりである。伊勢参りを例に取れば、江戸時代も中期以降には、御師という神官兼観光業者によって旅は組織化されおり、参宮観光の非日常性も業者によって人工的に作り出されたものになっていた。伊勢参りを迎え入れる御師の邸宅の接待等も、巡礼客のために非日常性を演出する仕掛けに満ちあふれていたのである［相蘇，1996：0-86，神崎，2004：41-60］。しかし、御師という神官兼観光業者がいかに「金儲け」に勤しんでいたとしても、彼らはあくまでも神官という文化的超越性は保っていたし、街道筋の業者、住民がどんなにあざとい商売人であろうとも、彼らと観光客との文化的対等性は、少なくとも建て前としては、保たれていたのである。すなわち、この時代においては、住民と観光客とは互酬的な贈与関係を保持していたのであり、観光地の文化は、住民にとって「商品」ではなく、少なくとも一方的に見られる客体としての「見せ物」ではなかった。この時代の日本には、観光の場における「非日常」の互酬性が概ね成立していたと言えるのではなかろうか。

このような〈非日常性〉の互酬性が成立するのは、ホストとゲストとの関係が人格的に開かれており、かつ原則的に対等であることが条件であると容易に想像できる。ホストとゲストの関係が権力性を帯びてくると同時に、〈他者性〉の相互受容と〈自己変容〉への希求であるはずのコミュニケーション的関係が、〈他者性〉の押しつけや自己の〈他有化〉という「似て非なるもの」へと変質する。このことは、対等な〈他者性〉の受容をもって成立するはずの恋愛においてジェンダーの非対称性が作り出す諸問題をもって、類推することも可能であろう。[1]

ホストとゲストの関係が非対称的なものへと変質するようになったのは、観光の産業化[2]が進展するようになってからであることは明らかである。産業による観光の「利用 exploitation」は、主に観光地住民の文化や社会的アイデンティティに大きなインパクトを与える。観光地の景観や風俗は、観光客に観察されるべき一つの商品となり、それらの商品は客の望む規格に合わせて再編成される。さらに現代のメディアによって、観光客の期待するイメージが、旅に出かける前にあらかじめ形成され、観光地は、メディアによって与えられたイメージを確認する場、すなわち出来合の〈疑似イベント〉を消費する場となる[Boorstin, 1962 = 1964 : 89-123]。こうして、産業化された観光地は、〈疑似イベント〉によって形成されたイメージのなかで、観光客に一方的に見られる客体として、観光者と住民の相互性、互酬性を欠いたものになってゆく。

さらにまた、観光地の産業化が近代の視覚中心主義を伴っていたこともまた、このことを強化していった。フーコーを引き合いに出しつつアーリが言うように、近代人が身につけたのは、不可視なものとして自己と対象とが持つ、相互に未分化の関係性ではなく、対象を可視的世界の客体としてのみ理解する「鑑識眼（connoisseurship）」というまなざしであった[Urry, 1990 : 147]。こういった視覚中心主義が観光に入り込んだのは、科学的「鑑識眼」に

1　E・ゴフマンが『Gender Advertisement, 1979』において示したように、「男らしさ」「女らしさ」の分類図式（の使用）は、上位者である男性と下位者である女性の権力をめぐる相互作用の結果生まれてくるのである。観光地における「〜らしさ」の使用も、様々な戦略も含めた権力関係の結果生じてくる。

2　観光の政治的利用についても同様に、観光地住民に権力的なイメージの押しつけを強要する[須藤、遠藤, 2005]。

よるばかりではなく、近代の「鑑識眼」の大衆化バージョンとも言える、カメラ、ガイドブック、スケッチ、バルコニー、観光地図の発明によってでもあった。さらに、鉄道や観光バス等の輸送機器の発明も、観光の視覚化と観光景観の客体化を後押ししていた。シベルブシュが示しているように、鉄道旅行の経験は、車窓の風景をパノラマ化し、風景から近くの物体を、そして外界すべてから匂い、音、共感覚を奪っていったのである［シベルブシュ, 1979＝1982：69-88］。近代観光地には必ずといっていいほど存在する望遠施設（「〜タワー」のような塔）は、観光地全体を一方的に眺望し、風景を「所有する」という、観光対象を客体化する行為にもとづいている。こうして、産業化された近代の観光は経験の相互性を喪失し、観光地のモノや人や文化は一方的に見られるだけの客体へと転化していったのである。[3]

以上のような観点から、本章においては、権力によって「観光のまなざし」の下に（文字どおり）引きずり出され、観光客の一方的な「観察」の客体となっている、タイの山岳民族カヤン族について、フィールド・ワークにもとづき紹介しつつ、文化や自己イメージの「他有化」がもたらす疎外現象について論じていきたいと思う。

カヤン族の村へのフィールド・ワーク

タイ北部に住む山岳民族カヤン（Kayan）族の観光化の実態と問題点を探る目的で、二〇〇六年九月及び二〇〇七年の三月、筆者はメーホンソーン地区において三つの観光村（ナイソイ Nai Soi 人口約二〇〇人、ファイスアタオ Huay Sua Tao 人口約一二〇人、ファプーケン Huapu Keng 約人口二五〇人）でフィールド・ワークを行った。ま

3　第一章の補論として取り上げた別府の例もその典型として見ることができる。交通の発達によって別府は、湯治場という客と住民の具体的で互酬的な交換の空間であることをやめてしまう。バスガイド付き遊覧バスのシステムは、そういった別府の〈場所性〉の喪失を、車窓から見た客観的景観を演出するストーリーの増殖で補うシステムだった。バスの速度とガイドが作り上げる物語が、消費対象としてのパノラマ的イメージ空間へと温泉場を再編成していったのである。

た、チェンライ・チェンマイ地区の三つの観光村、ミャンマー側タチレイの観光村で補足の聞き取り調査を行った。

カヤン族は、現在なおミャンマー国軍と内戦状態にあるカレン（Karen）族の一支族であり、一九八〇年代後半か

写真 2-2　フアイスアタオの観光村

ら九〇年代前半にかけて（一九八五年に三家族が国境でタイ国境警備隊に銃を突きつけタイに入国したのが最初であるという）激化した内戦の煽りを受けて、ミャンマー東部（多くはカヤ Kayah 州、シャン Shan 州）から逃れてきた難民である。[4] カヤン族難民の多くはミャンマーとの国境付近の町メーホンソーンの周辺に住んでいるが、近年チェンマイ、チェンライ近郊の観光村に「出稼ぎ」として短期で滞在している者も多い。当初、彼ら（「出稼ぎ組」は除く）は国境沿いのナイソイ（Nai Soi）にある難民キャンプに住んでいたのであるが、一九九〇年頃から首長族と言われるカヤン族と、耳長族と言われるカヨー（Kayoo）族（同様に耳長族であるが、耳の装飾と伸ばし方が異なるカヤー族を別の部族とすることもある）のみが、難民キャンプの中から外に出され、人工的に作られた三ヶ所の観光村に移り住まわされるようになった。この二つ（あるいは三つ）の部族が観光村へと移された理由は、カヤン族の女性が首に真ちゅうのコイル状リング（重いもので九kgにもなり、多くは腕や足にもつけている。）をつける習慣から、首長族（Giraffe または Padaung）として知られてい

4　多くは、一九九二年から一九九七年にかけてのサルウィーン川のダム（Salween dams）建設（二一〇の村がダムの底に沈んだ）をめぐって起きたミャンマー政府軍とカレン族解放軍との戦闘で難民化した人たちであると言われている。

たことであり、また、カヨー族、カヤー族の女性は耳に穴を開け耳たぶを伸ばす習慣から、耳長族（Long ear または Big ear）として知られていたことである。すなわち、彼らは「視覚的に」目立ち、「観光客のまなざし」に留まりやすいがゆえに、他の難民から区別され、引き離されて観光村へ移住させられたのである。観光村の営業主体は、タイ人の民間会社であること以外どのような法人であるかは、カヤン族の者もはっきりとは知らないが、軍、入管あるいは警察の関係者が始めたものであろうと言われている（ファアプーケンのみはカヤン族の一家族がオーナーである）[5]。ナイソイとファイスアタオの村では住民の会合も持たれてはいるが、決定権はあくまでタイ人のオーナーにあり、二〇〇六年に給料の未払いがあったナイソイの村人たちがオーナーに直訴した時にも、彼らはまったく取りあってもらえなかったと言う。

以上説明したように、タイのカヤン族は基本的には難民なのであるが、彼らが観光村の「見せ物」として脚光を浴びると、ミャンマー側にいるカヤン族の中には観光業者に手引きされ、「難民」ではなく「出稼ぎ」としてタイの観光村（あるいはミャンマー側の観光村）に自ら赴く者も現れるようになる。現在タイには、「難民」と、「出稼ぎ」の二種類のカヤン族がいる。人口が多いのは前者であるが、後者も次第に増え無視できない。筆者は両者に対してフィールド・ワークを試みた。以下、その時の調査にもとづき、「難民組」と「出稼ぎ組」の二種類のカヤン族について順に述べていきたい。

5　ミャンマーのカレン族の解放組織が入場料を管理しているという話も現地以外では聞くが、ファアプーケン以外の村で入場料を村民が自主的に管理していることはない（ファアプーケンのカヤン人オーナーもカレン族の解放組織と関係しているようには思えず、どこまで権限を持っているのか分からない）。三つの村とも何らかの形でタイ側の軍、警察、入管が（組織的というよりは個人的に、であろう）関係していると思われる。管理権限がどこに所属しているのであれ（この論文はミャンマーの解放運動等政治的問題が論点ではないので、そこへの関心は排除している）、ファアプーケン以外の村では特に、住民（特に若者）の不満も強く、現状に対する疎外感も大きい。

難民としてのカヤン族

メーホンソーンにある観光村は三つとも町から二〇㎞ほど山奥に入った所にあり（それぞれメーホンソーンからの方向が違う）、ナイソイとファプーケンの村はミャンマーとの国境近くにある。道はほぼ舗装されてはいるのだが、雨期である夏場にこれらの村まで行くには、橋のない川を何本も渡らなければならず、また大雨の後は道自体が川になる。特に、四月から一〇月の雨期には道路事情が悪く、移動手段には四輪駆動車が必要となる。[6]特にナイソイへは悪路が続く。また、ファプーケンは途中から川を船で下らなければならない。ファイスアタオの村が他の二つの村に比べて一番アクセスがよいために、メーホンソーンを訪れる観光客の多くは、トレッキングの代理店が仲介するツアーでファイスアタオの村を訪れることが多い。三つの村とも上下水道、電気はなく（ファプーケンのみ、ほとんどの家に短時間の電気使用が可能なソーラー発電の設備が最近整い、日本のＮＰＯの援助で水道設備も整いつつあった。またファイスアタオの三軒の家だけは隣の村から「盗電？」しているので電気があり、それらの家にはテレビもある）、トイレは地中浸透式であり、衛生状態は良くない。[7]三つの村とも観光客から一人二五〇バーツ（＝約九〇〇円、二〇〇八年一月現在一バーツ＝三・三円）を入場料金として徴収しており、その中から首輪を着けた女性への給料（月給一五〇〇バーツ＝約六〇〇〇円、ファプーケンのみ大人の女性が月二五〇〇バーツ、子どもが月一〇〇〇バーツ）が支払われている。収入の面では、この他に土産物屋を営んでいる家族は（ほとんどが営んでいる）、ファイスアタオの場合一日五〇バーツから八〇〇バーツもの売り上げがあり（村と店の立地により売り上げにかなり格差がある）、他の悲惨な山岳民族に比べて、彼らは経済的には恵まれているとも言える。しかし、メーホンソーンの町

6　レンタルのモーターバイクで行く観光客もいるが、特に夏場は運が良くなければたどり着けない。
7　最も人口の多いナイソイの村は下水が滞留しゴミ捨て場にゴミが溜まり衛生状態は特に悪い。

写真 2-3　ナイソイの子どもたち。子どもたちは5，6歳から首輪をつける。

から遠く交通事情の悪いナイソイとファプーケンの村においては、入場客が少ないため、近年、年間の半分は給料が支払われない状況が続いている。[8] また、ナイソイとファプーケンの村には小中学校があるが、ファイスアタオの村にはない。高校はナイソイの村から歩いて一時間のところにある難民キャンプ内にあり、中学を出ると高校に通う若者も多い。小中の教員の給料は入場料金から支払われるため、教員の給料も滞りがちであった。

三つの村とも村のメインストリートの両側には土産物屋が軒を連ねる。[9] ここで売られている小物の多くは村人たちの内職で作られたものであるが、タイ人の業者が納入するものもある。自作の歌をCD化し、ギターの弾き語りをしながら売っている若い女性もいる。女性は極めて働き者であり、多くは機織りができ、織られたものはそのまま売られてはいるのだが、首に真ちゅうのコイルを巻きつけた女性が機を織っている姿自体が一つの商品であり、観光客のカメラのレンズが向けられる被写体として役立っている。[10] 村民は原則として、村から出ることを許されていない。女性は、土産物作りの内職か、土産の売り子として働いている。ファイスアタオの村にはほんの少しのトウモロコシ畑があるのだが、他の村にはない。男性は

8　一ヶ月最低六〇〇人の入場者がないと給料が支払われない。
9　欧米人の観光客が多く、観光客から英語を習っているので、子どもと若者の多くは英語を話せる。
10　村外で写真を撮られるとチップを要求されることが多いが、村内ではチップ自体が入場料の中に入っていると考えられている。

家の補修や、このわずかな畑仕事以外に基本的にやることがない。[11]

この観光村の一番の「見せ物」である、「首長族（Giraffe）」[12]の女性たちは真ちゅうの首輪をつけることを「強制」されているわけではない。真ちゅうの首輪を女性たちがなぜつけるようになったのかその理由については諸説あるが、三つの観光村の入り口の案内板には、部族の印として他の部族と区別するため、女性が誘拐されたときに自分たちの部族の者であることをはっきり示すため、首輪が一つの宝飾品であるため、母なる竜（シー）の子孫であることを表現するため、単に美意識から、といった理由が掲げられている。一部言われているような、満月の日に生まれた女の子のみが首輪を強制されるという説［Higham, 2000：134］は誤りであるという。

多くの女性たちは五、六歳になると、首にコイルを巻きつけるかどうかを、本人の意志も聞きながら、親が決定する。前述したように、首のコイルは伝統的習慣なのであるが、女性が首にコイルを巻く動機の一部には、この給料の存在があるのも事実であろう。また、三つの村ともこの給料とは別に、村人全員に政府から食料費として、一人一ヶ月二五〇バーツ（約九〇〇円）が支払われている。このため、例えば娘が三人いる家族は、母親の分も含めて一家族で日本円にして二万円程度の生活費が保障されていることになる。この額は家族が全員健康でいる限り（難民には医療保険が適用されないため家族に病人が出ると大変な事態になる）、タイの山岳地方で生きてゆくだけならば十分なものである。土産物収入も加えれば、他の悲惨な山岳民族の村に比べて、これらの村は経済的には恵まれているとも言える。

しかし、前述したように給料も入場観光客数が一定程度（月六〇〇人）なければ、簡単にカットされてしまう。そうなれば誇り高き首のコイルも、特に高校（難民キャンプ内）等で他の部族の若者を見る機会の多い高校生等には敬遠されてしまう。昨年給料の支払いが滞ったファプーケンの村では、多くの若い女性が首輪をはずしてしまい、現在

11　バイクを所有している者も多く、バイクで買い物等には行っているようだが、時間を持てあましているように見受けられる者も多い。

12　よく使われる「パドゥン族（Padaung）」は Giraffe「首長族」同様蔑称であると言い、彼ら自身はこの呼び名を使わない。

写真 2-4　カヤン族の若者は携帯電話を持っている者も多い

二七人しか首輪をつけていない（人口が半分しかいないが入場客数の多いファイスアタオの村で、三八人の女性が首輪をつけているのと比べてみるとその違いが分かる）。しかし、彼女らに首輪をつける理由を聞くと、彼女たちが真ちゅうの首輪に大変誇りを持ち、伝統的な美意識にこだわっていることもはっきりと確かめられた。彼女らが首輪を外さない理由は、第一義的には、首輪が彼女たちの民族アイデンティティを表すものだからなのである。すなわち、首輪は主観的には民族の誇りであるのだが、それを表現している客観的な形としての「給料」がなくなった時、首輪をつける動機も減退してしまったということではないだろうか。

　二〇〇六年に筆者が訪れた家は、木の柱と竹を編んで作った壁でできた二階建て高床式の家である。村のメインストリートにあり、軒先で飲み物と土産物を売っている。一階部分が店と台所、トイレ、水浴び場となっている。二階部分はテレビがおいてあるバルコニー式の居間と個室が三つある。この家族を仕切っているはマロ（仮名：カヤン族には姓がなく、女性は全員M、男性は全員Lで始まる名のみ持つ）という細身であるがしっかりものの母である。この家族は一六年前に内戦の続くミャンマーから七日かけて山伝いにタイへと逃げてきた。当初三年間はナイソイにある難民施設にいたのであるが、一九九三年に移住を命じられ、ここファイスアタオの観光村にやって来たという。タイに逃れてから間もなくマロの夫は七人の子どもを残して病気で亡くなった。マロはこの家で四人の息子と三人の娘、計七人の子どもたちを女手一つで育て上げた。カヤン族は原則として相続者以外は結婚すると家を出る（相続の形態ははっきりしない）。また、高校が難民キャンプ内にしかないため、高校生は難民キャンプに近いナイソイの観光村の親戚の家に住む。したがって、現在この家に住んでいるのは母のマロと二一歳の息子のラナイ（仮名）とその妻であるマチョ（仮名）の三人である。二四歳になる長女のマテ（仮名）が道を挟んですぐ前の家に嫁いでおり、マテもこの家にいることが多い。この村には二六家族、約一二〇人の村民がおり、うち三八人の女性が真ちゅうの首輪をつけている（村民のなかには少数であるが耳長族であるカヨー族もいる）。村民は、原則として村外に出られないことになっており、買い出し等は、村民が協力しあっている。それぞれの家には家族以外の者がいるのが常であり、マロの家でも夕方から夜にかけては、数人の村人やタイ人の観光業者等が集まり、地酒を飲み、ギターに合わせて歌を歌っていた。マロは自分を慕って人が家に集まることを歓迎しているようであった。

写真 2-5　フアプーケンの観光村にある中学校。英国の NPO から支援を受けている。

　この村の人々の生活は、基本的には観光客の被写体になりながら、土産物を売ることが中心である。しかし、観光客が引けた夕方以降（五時頃には観光客は誰もいなくなる）には、村民が皆で遊んだり、歌を歌ったり、酒を飲みながら話をしたりして過ごす。この村には独自の小中学校がなく、[13]小中学生は村外の学校まで歩いて通っていて、他の山岳民族の子どもたちと一緒に勉強している。宗教はカヨー族、カヤー族のみがキリスト教化されているが、カヤン族のほとんどは未だにアニミズムを信じており、家の中には日本の神棚によく似た神棚がある。

13　他の二つの観光村には、一部海外のＮＰＯからの援助を受けている自前の小中学校がある。

観光客が比較的多く訪問するこの村に限っては、あまり生活に困窮している様子は伺えなかった。ただ、医療費については、五〇〇バーツを超える場合には自己負担になり、出産等も自費で行わなければならない。ただし、このような突然の出費の時はお互いに助け合っているようである。観光村における問題は、むしろ他のことがらにある。

ヒューマン・ズー

「誇り」が「売り物」になっており、さらにそれが収奪されていることに対する村人たちの不満は、彼らが自らの村を「人間動物園 human zoo」という言葉で表現していることに集約される。この言葉は、彼らの状態を批判的に報道した通信社が作り出した言葉であるようなのだが、彼らは自らの状態をこの言葉で冷ややかに語る。「人間動物園 human zoo」について語るなかで、村人たちが口々にいう不満の多くは、移動や労働の自由等、タイ人には認められている基本的な自由が彼らにないことである。彼らは基本的には難民であることから、タイ政府は彼らに移動や労働の自由を与える必要はないという立場である。彼らの多くはミャンマーで生まれた者であるため、彼らには村内に住むための許可証しか与えられていない。一部タイ国内に長く住んでいるものや、タイ生まれのものにはグリーンカード（居住権であるが、これにも何種類かがある）が与えられてはいるが、特別の許可を得ない限り、グリーンカード保持者であっても、移動の自由はやはり地域内（メーホンソーン県内）に限定されている[14]（写真2-6参照）。彼らは難民であるにもかかわらず、難民としての地位も極めて不安定である。彼らは難民キャンプから出てしまっているがゆえに、国連の諸機関等から難民としての保護を受けることができない。他の国から難民の受け入れがあった場合、それがナイソイの観光村付近の難民キャンプ内にいる約二万四千人の難民（他のキャンプも含めれば一四万人

14　男性は目立つ特徴がないので、グリーンカードを持っていなくとも実際にはバイク等でかなり遠出しているようであるが、首輪を巻き付けた女性は目立つので遠出はできない。

のミャンマー難民がタイ国内にいる）に適用されることがあっても、彼らに適用されることはない。すなわち彼らは、タイ人、あるいはタイに住んでいる外国人としての権利を持つべき対象にも、また、難民としての国際的な保護の対象にもなれないでいる。

民族村の移転、統合と衣替えする民族観光

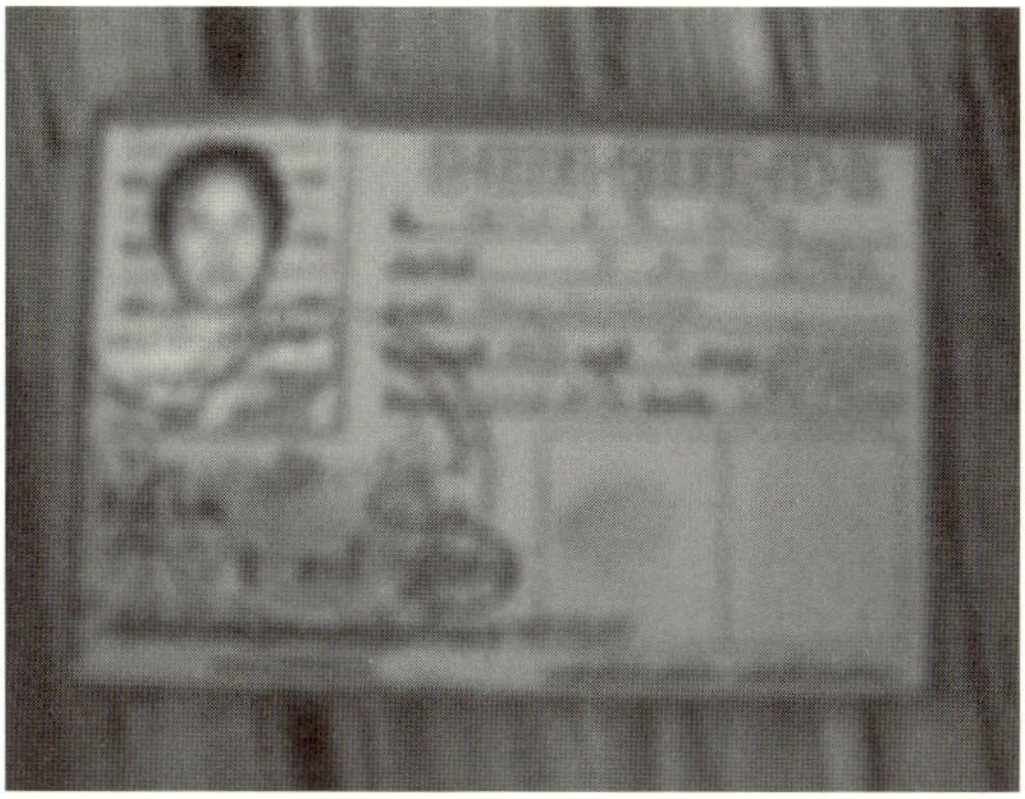
写真2-6　グリーンカード

二〇〇七年三月には、二〇〇六年に世話になった家族の親戚の家があるナイソイの村を訪れた[15]。メーホンソーンから国境近くのこの村に行くのも苛酷な道のりであった。道の舗装は途中で途切れ、池のような水たまりが行く手を遮る。私たちの乗った日本製四輪駆動車は、何本かの川をタイヤの上まで水に浸しながら走った（途中で停止したら岸に戻ることすら難しいであろう）。村の入り口にある監視所（兼入場料徴収所）で、ゲートの停止バーを上げてもらい村の中に入る（ここでパスポートをチェックされ入村料二五〇バーツを徴収される）。昼間なのに村内にはほとんど観光客の姿はない[16]。雨期にはアクセスが悪いこの村は、やはり観光客に敬遠されていた。村民への給料支払いも滞りがちだという。この村には四五家族約二〇〇人の村民がいるのだが、半分以上は高校生も含めた子どもたちであり、特にこの村から歩いて一時間のところにある難民キャンプ内の高校に通う高校生（他の村の近くに高校がないため、この村の親戚の家に下宿して通っている者も多い）が多い。難民キャンプ内の高校では海外のNGO職員等と接することも多く、英語がよく教えられていて、高校生の多くは英語をかなり流暢に話す。英語を使う

ことができる高校生たちは口々に自分たちの置かれている境遇の非人間性について訴えていた。ここでは、英語を学習することのなかに、西欧的人権意識の学習も含まれていることが分かる。

高校生たちばかりでなく、英語を話すことができる村民の多くは、この村の存在自体の非人道性を訴え、自分たちの元いた難民キャンプに戻りたいと考えているようであった。現在、この村とファイスアタオの村を、船で川を上って行かなくてはいけないファプーケンの観光村に移転統合する計画があり、そうなると高校生が学校に通えなくなることもあり、この村の住民たちの多くは他の観光村への移住ではなく、難民キャンプへの帰還を望んでいるようであった。

二〇〇七年には、ここから車で一時間のメーホンソーンの町を抜けて、さらに二〇分ほど走ったところから、川を船で二〇分ほど下ったミャンマーとの国境付近にあるファプーケンの村にも許可を得て滞在した。ここには二四七人、五六家族が暮らす。この村だけは、一九八五年にミャンマーから渡ってきたカヤンの一家族がオーナーである。彼らは村人の信望を得ており、小中学校の教頭もしていた。しかし、この村は船をチャーターし、川を下らなければならず、観光客の姿はまばらである。前述したように雨期の夏場は給料の未払いが続き、村人はかなり貧しい生活を強いられている。一昨年は約六〇人のマラリヤ感染者も出した

写真 2-7　ナイソイの高校生たち。一番右の少女はカヨー族。

15　これらの村には特別な許可がないと宿泊できないので注意。

16　この時期の入場者の名簿から、一日一〇人～三〇人位の観光客が来訪していることを確認している（一〇人台の日が多い）。

という。しかしながら、他の二つの観光村がここへ移転し、三つの観光村が統合される計画が実行されつつあり、この村はより洗練された観光地として生まれ変わろうとしていた。フラワー・ガーデンと名付けられた村の外れの高台には、観光客用のコテージが建っていて、宿泊者用トイレやシャワーもあった。また、簡易水道設備も日本のNGOが建設していた。観光客用施設には、ここは「コミュニティーに立脚した観光施設 community based tourism」であり、エコ・ツーリズムでもある旨の掲示があった。首に真ちゅうのコイルを巻く奇習を持つ「難民」という観光資源は、サステイナブル・ツーリズムの味付けをされ、新しい「テーマ・パーク」のアトラクションとなろうとしていた。

写真 2-8　フアプーケンの観光施設の中央にはステージがあった。

以上のように、「難民」であるがゆえの不自由さは、彼らが観光客に対する「見せもの」でしかないという事態を、より鮮明に浮かび上がらせる。さらに彼らとは別に、近年チェンライ、チェンマイ付近に作られた観光民族村へ、「難民」ではなく「出稼ぎ」としてカヤン族がミャンマーから送り込まれてきている（国境を渡ってミャンマー側タチレイにも観光村がある）。彼らの多くは女性であり、家族から引き離されて民族村の「見せもの」として連れて来られたものが多い。「自由意志」でミャンマーから渡ってくる彼らの状態もまた「人間動物園 human zoo」なのである。次に「出稼ぎ」としてタイにやってくるカヤン族に焦点を当てよう。

「出稼ぎ」カヤン族を迎える「エコ・文化・ツーリズム」

タイのカヤン族のなかには、主に一九八〇年代に難民としてミャンマーから逃れてきた難民の他に、最近チェンマイやチェンライ近郊にできた観光用の「山岳民族村」に「出稼ぎ」としてやってきた者も多い。彼らを招き入れる観光用の「山岳民族村」の多くは、「エコ・農村 eco-agricultural village」というように「エコ・ツーリズム」を標榜している。筆者は、その中の一つであり、チェンマイ県メアイ地区（Mae Ai district）にある三部族ヤッパー村（Ban Ya Pha Village）を訪れた。この村は、九年前の一九九九年に観光用に作られたものであり、アカ族とラフ族とカヤン族（カヨー族も同じエリアにいる）の住む三つのエリアからなる。村内に入ると、道の左右に土産物屋が並んでいて、客引きが近寄ってくる。一番手前がアカ族のエリアであり、続いてラフ族の住むエリアがある。そして、ラフ族エリアを越えるとゲートがあり、ここで入村料二五〇バーツを支払う。そして細い山道をしばらく進むと一番奥にカヤン族、カヨー族の住むエリアがある。ここのアカ族、ラフ族はかなり前（ラフ族の一人に聞いたところ三〇年前）から国境地帯に住んでいた人たちが、ここに移住したものらしいのだが、カヤン、カヨー族は、前二者とは違い、新しくミャンマーから「出稼ぎ」として連れて来られた人たちが主である。しかし、中には前述したメーホンソーン近郊の三つの村から非合法に連れてこられた者もいると言う。[17] この観光村のこのエリアには九家族（うち一家族はカヨー族）四〇人（内二八人が女性）が住み、大半は労働許可書（working permit）を持っているようであるが、若者の中には持っていない者もいる。労働許可書だけではこの村から出ることができないが、彼らの中の五人だけは他の場所で自由に働くことができるグリーンカードを持っているという。ここでも入村料収入から首輪をつけた女性にだけ一月一五〇〇バーツが給料として支給されている。彼らは、給料および土産物を売った収益で暮らしている。筆者は村のこのエリアで三人の首長族の女性にインタビューを試みた。この村の住民は英語をまったく話せないため、ミャンマー語も話せるタイ人のガイドに通訳を頼んだ。

その中の一人、マヌ（仮名三〇歳）は、五年前にミャンマーから一人でここに一度やって来た。その後、ここでの生活が寂しくてホームシックになり、一年で帰国。帰国後四年間ミャンマーの故郷で暮らし、結婚して二人の子ども

17　http://www.chiangmai-mail.com/095/news.shtml#hd4 参照

が生まれた。しかし、ミャンマーの生活は苦しく、七ヶ月前また思い立って夫と共に二人の子を連れ、チェンライの北方にある国境の町メーサイまで五日もかけてたどり着き、そこからバスでこの村に戻ってきた。戻って来てから子どもを一人産み、現在、家族四人でこの地に暮らしている。ここに住むカヤン族は難民ではないため、マヌのようにミャンマーとタイを何度も行き来する者も多い。しかし、電気も水道もないミャンマーの田舎の生活は苦しく、結局彼らはここでの生活を選ぶ以外にないのである。一定の給料が支払われるここでの生活は、ミャンマーでの生活よりはかなり楽なのであるが、医療費の負担等は厳しく、彼女がタイ国内で出産した時には、五〇〇〇バーツ（約一万七千円）を自費で支払ったという。

写真 2-9　ヤッパー村のカヨー族

難民としてタイ国内にやってきたカヤン族のほとんどは家族単位で暮らしているが、「出稼ぎ」でミャンマーからやってくるカヤン族は家族が一団となってやってくるものばかりではない。マヌのように家族全員で来ている方がむしろまれである。若い「出稼ぎ」女性の多くは、姉妹で、あるいは一人で、国境を越えてきた者も多い。

その中の一人、マヤ（仮名一五歳）は四年前に姉と二人でタイにやって来たが、姉は今この村にはいない。姉は結婚してここから少し離れたところにある別の観光村に住んでいると言う。マナ（仮名一四歳）は四年前にこの村に一人送られてきた。彼女は労働許可書さえ持っていないので病気になると治療費を全額払わなくてはならず、病院には行けないという。「家族の元に帰りたいか」という質問には、二人とも涙をにじませ、答えてくれなかった。マヤとマナ、二人ともタイに来てからまったく教育を受けていない。「学校に行けるのなら行きたい」と目を輝かせてマナが言った。彼女たちは、「出稼ぎ」なのでその気になれば、いつでも故郷に帰れることになっている。しかし、帰る資金もないし、帰ってもより貧しい暮らしが待っているだけである。観光村に閉じこめられたまま、教育も受けられず、さらに家族から引き離された彼女たちは、筆者には、難民組よりも悲惨に見えた。

筆者はさらにチェンマイ市の郊外に三年前にできたという新しい観光村（トンルアンエコ・農村 Baan Tong

写真 2-10　トンルアン村

写真 2-11　ミャンマー側、タチレイにも 2002 年にできたゴルフ・リゾートに併設された民族村が存在する。ここにはカヤン族、アカ族それぞれ４家族が住んでいる。入場料は 140 タイバーツ（約 500 円）。

Luang Eco-agricultural village）を訪れた。ここでは、村のスタッフから話を聞くことができた。村には、カヤン族、黄ラフ族、パロン族の三つの民族、七〇人が住んでおり、そのうちカヤン族は一四人が住んでいる。スタッフの話によれば、この村は次第になくなりつつある山岳民族の文化を保護するために作られたもので、観光で儲けようと思って作ったものではないという。観光客からは入村料五〇〇バーツ（約千七百円）を取っているが、あまり客も来ないため、むしろ赤字のボランティア的事業であるらしい。この村での生活の決め事のみならず、運営の一部も村内各民族のリーダーを集めて、相談しながら民主的に決めており、彼らは何も強制されていないと言う。もし、彼らがミャンマーに帰りたいと言えば、いつでも帰れるし、労働許可もそれぞれの希望に合わせて一ヶ月ごとに更新している。ここでは、村民は農地を与えられ、収穫された農産物も彼らのものになるという。実際、昼間は観光客のために家にいる女性以外は、子どもは学校に行き、男性は農地で働いていた。四、五年前に主に欧米のメディアによって「人間動物園 human zoo」と批判された観光村が、批判を一応受け止め、新しい形に進化した姿がそこにはあった。

まとめ

「首長族」観光は、今やメーホンソーン地域の観光には欠かすことができないものとなっている。近年のチェンマイ周辺における「観光村」建設ブームを見ると、メーホンソーン地域のみならず、チェンマイ地域においても観光の目玉になりつつある。そしてまた、「人間動物園 human zoo」から「エコ・農村観光 eco-agricultural tourism」への衣替えも、世界的な「持続的観光 sustainable tourism」ブームの文脈に乗った形を取っている。観光提供者が打ち出す観光の文脈は、単なる「見せ物」から「文化の保存・保護」へと変容し、観光客の観光経験も「見る」だけではなく「体験」も含めたものへ、さらにまた「にわか文化人類学」的な「観察」へと変化している。バンコクやチェンマイ等の都市が近代的なものなればなるほど、非日常性を求める観光客の「好奇心」は、地域の文化をより多く残していると思われる農村部へ、さらに山岳部へと向かい、「舞台裏」を覗き見する観光の形態は深化する［MacCannell,

写真 2-12　メーホンソーンのホテルの玄関。「首長族」はメーホンソーンの「観光イコン」である。

1973］。

しかし、ここで確認しなくてはならないのは、観光客が求めているのは「一時的」な「楽しみ」であり、「よく知られたもの」を「ちょっと覗く」という経験だという点である［橋本 1999］。「人間動物園（形態展示）」から「エコ・農村観光（生態展示・行動展示）」へとバージョンアップし演出の仕方を変えたとしても、観光客の「にわか観察者」的性格が変わることはない。[18] また、観光業者や観光行政等、観光提供者もこの手の観光経験の特徴を熟知しつつ、またそのように観光客を誘導している。このような観光の構造のなかでは、観光客を迎え入れる住民と観光客の互酬的な相互作用はあらかじめ絶たれているのである。

筆者がカヤン族の観光村で土産物屋の売り子を手伝いながら確認したことであるが、観光客は土産を売る首長族の女性に話しかけるかも知れないが、問いかける質問の内容はどれもみな同じであり、女性も用意した気のない答えを繰り返しているだけであった。「首長族」の女性たちは屈託がなく、求めに応じ観光客に囲まれて写真に収まるが、これも入村料の対価としての一般的な「サービス」に過ぎない。そもそも、観光客が観光村に滞在する一時間程度の時間のなかでの相互作用とはこの程度のものなのである。

18　民族観光における「展示形態」の変化は、形態展示から、生態展示あるいは行動展示へと近年さかんに行われている動物園の展示形態の変化と同型である。

また彼らが、彼らの文化の基盤である狩猟や農耕から疎外されていることにも注目しなければならない。もちろん、文化の生成は生産活動からばかりではない（技術や消費活動の変化や他の部族との関係等様々な要因が考えられる）。しかし、特に伝統文化は生産活動をとおして自然のリズムと呼応しているものである。彼らの生業であった農業や狩猟に支えられてきた彼ら独自の社会関係や文化は、その基盤を失い、魂の抜かれた「見せもの」へと転落していく。そして、彼らの「文化」や「人間関係」を表現する道は、主観的にも客観的にも観光業者の押しつけてくる表現のあり方にとって代わられ、閉ざされてゆく。

一般的に言って、産業化された近代のマス・ツーリズムは、観光現象に内在していたはずの経験の相互性を喪失し、観光地は一方的に見られるだけの客体へと転化してゆく。このような一方的に「見られる」商品作りとしての近代観光地の開発が反省されなかったわけではない。近年世界中の観光地において、視覚重視の観光から体験重視の観光へ、一方的にサービスを受ける観光から、相互交流型の観光へ、新しい試みも行われている。しかし、このような試みも、観光がサービス商品である限りは、あくまでも新しい観光商品の開発による企業（地域）戦略という枠組みから抜け出ることは原則的にはあり得ない。「見せ物」的観光から脱皮したように見える新しい観光でさえ、互酬的で具体的な交換とはかけ離れた、一般的なイメージ「商品」（視覚に体験がプラスされてはいることが多いが）であることによって成立していることには変わりはない。そこに人間的交流が存在する場合においても、交流に伴う〈人格性〉や〈他者性〉は、予測不能な〈自己変容〉を伴う創造的な交換としてではなく、非人格的な貨幣による予測可能な交換、すなわち「サービス」としてのみ意味を持つ。交流も「商品」としてシステム化されていれば当然、売る側と買う側の交流の現場において、非対称性を伴うのである。

こういった問題は、現代の日本の観光のような高度にシステム化されたところでは、オブラートに包まれ、あるいは習慣化したサービスのなかで「あたりまえ」のこととされ、前景化されることがない。しかし、人間的交流に民族やジェンダーが絡む場合、あるいは売る側と買う側に経済的格差がある場合、問題はあからさまになる。

〈参考文献〉

Higham,James (2000). 'Thailand: prospects for a tourism-ed economic recovery.' In *Tourism in South and South east Asia*, C.Michael Hall and Stephen Page (Eds.), Butterworth-Heinemann, Oxford, 2000, pp.129-143.

MacCannell, Deen (1973). 'Staged Authenticity: Arrangement of Social Space in Tourist Settings.' *The American Journal of Sociology*, Vol.**79**, No3, University of Chicago: 589-603.

相蘇一弘.（1996）.「御師・伊勢講・おかげ参り」『歴史の道・再発見第三巻―家持から野麦峠まで』. フォーラム・A　pp.80-107.

アーリ、ジョン.（1990 = 1995）.『観光のまなざし――現代社会におけるレジャーと旅行』.（加太宏邦、訳）法政大学出版局.

シベルブシュ、ヴォルフガング.（1979 = 1982）.『鉄道旅行の歴史――十九世紀における空間と時間の工業化』.（加藤二郎、訳）法政大学出版局.

ブーアスティン、ダニエル・J.（1962 = 1964）.『幻影の時代――マスコミが製造する事実』.（星野郁美、後藤和彦、訳）東京創元社.

神崎宣武.（2004）.『江戸の旅文化』. 岩波書店.

須藤廣.（2003）.「越境する〈観光〉―グローバル化とポスト・モダン化における観光」『「観光のまなざし」の転回―越境する観光学』.（遠藤英樹、堀野正人、編著）春風社　pp.220-237.

須藤廣.（2006）.「観光現象とポストモダニズム」『観光文化社会論講義』.（安村克己、遠藤英樹、寺岡伸吾、編）くんぷる　pp.173-182.

須藤廣、遠藤英樹.（2005）.『観光社会学』. 明石書店.

橋本和也.（1999）.『観光人類学の戦略―文化の売り方・売られ方』. 世界思想社.

鷲田清一.（1999）.『「聴く」ことの力―臨床哲学試論』. 阪急コミュニケーションズ.

＊本章は、須藤廣（二〇〇七）「現代の観光における『まなざし』の非対称性」―タイの山岳民族首長族（カヤン族）の観光化を巡って――」北九州市立都市政策研究所紀要第一号をもとに、新たに書き直したものである。

第二章補論 観光とジェンダー・エスニシティ[1]

米国ハワイ州においては、観光が州の経済総生産量の四分の一を稼ぎだし、三人に一人の州民が観光産業に関係している。ハワイにおいては、観光がまさに「産業」なのである。現在、グローバリゼーションのなか、近代化に伴う諸問題を生み出してきた重工業からの転換、代替産業として観光産業が注目されてきている。観光は、「環境にやさしい」、「平和」産業であり、人々が「平等」に消費者になれ、多くの「雇用」を生み出す、ポスト・モダン産業であるなどとも言われている。たしかに、戦争があるとすぐに壊滅的影響があらわれること、また環境破壊が観光産業の持続的な成長を妨げること、地域文化の再興やアイデンティティの振興につながること等、観光は〈ポスト・モダン〉的要素を持つ未来産業であろう。だがしかし、観光は、平和、平等、文化保全、環境保護等の〈ポスト・モダン〉的要素ばかりでなく、近代が持っていた問題点を実は引きずっているのである。特に「差別」と「平等」という点においては、様々な問題がある。

観光を世界規模で見てみると、観光客は北から南へ、「先進国」から「開発途上国」へと流れる傾向がある（日本人の海外旅行はそれとは逆の「お上りさん」型だったのであるが、最近は「北↓南」型へと変わりつつある）。つ

1　この文章は二〇〇四年、筆者がハワイ大学に滞在中に書いたものである。

観光案内雑誌のなかのハワイのフラガールのイメージ（2004年1月）。どう見てもネイティヴ・ハワイアンのイメージそのものではなく，「ハッパ・ハオレ（半分白人）」のイメージだ。

まり「先進国」の観光客は、「未開」にこそ「本来」の「自然」や「人間性」が残されているという「理想郷」を期待し、観光に出かける。一見問題なさそうな〈ロマン主義的まなざし〉なのだが、この意識の深層には、人種やエスニシティにおける文化的・経済的格差の問題が横たわっていることが多い。つまり、「未開性」にロマンを抱く（＝様々なサービスを受けることを期待する）という事柄の根底に、人種における「上下関係」という構造が潜在する場合が多い。ハワイの場合、日本人以外でハワイを訪れる観光客のほとんどは「白人」であるし、彼らをもてなすホテルのメイドはフィリピン人、ハワイアンショーで踊るのはハワイ以外のポリネシア系（実際にはミクロネシア系やフィリピン系も多い）、バスの運転手はネイティヴ・ハワイアン、タクシー運転手はベトナム系といったように、「色分け」がなされていて（この構造に「非白人」である日本人観光客が入り込んで、「屈折した」状況が実は作り出されているのであるが）、サービスが反対方向に流れることはあまりない。

　また、このような人種の「階層性」の問題はジェンダーとも深く関わっている。「北」の観光客が抱く「南」へのロマンティシズムの多くは〈ジェンダー化〉されている。この問題に深く踏み込んだのは、ダンサー出身（振り付師でもあった）の文化学者ジェーンC・デズモンドが書いた『Staging Tourism』（The University of Chicago Press, 1999）である。彼女は、一九世紀末より現在に至るまで、ハワイのイメージが禁欲的なプロテスタント的イメージとは対極のイメージ、すなわち「未開」の、エキゾチックで、「自然」に富んだ、優しい「人間的情」に富んだ姿で作り上げられ、さらにそれがフラダンサーに代表される「女性」

の姿で表現されてきていることを発見した。このフラダンサーのイメージは、実際には存在しない、白人でもなく、黒人でもなく、ネイティヴ・ハワイアンでもない、「ハパ・ハオリ」（半分白人）といった空想上の姿で表現されたものである（「ハオリ」とはハワイ語で白人のことであるが、ネイティヴ・ハワイアンたちはこれを「逆差別」的に使う）。

実際には存在しない、「自然」で、微笑みを忘れない、優しくエロティックな「女性」のイメージを求めて、（欧米人の）観光客たちはハワイを目指してやって来る。筆者は、ワイキキの街角に置いてある一〇種類ほどある英語版のフリーペーパーをすべて集めてみた。実際、それらの表紙のほとんどはフラダンサー（ネイティヴ・ハワイアンでもない白人でもない不思議な人種）の写真で飾られてた。「ハパ・ハオリ」フラダンサー・イメージは今でもハワイの「デスティネーション・イメージ」なのである。観光客は観光地に日常と対極のイメージを求め、実際にはあり得ない（あるいは実際にあるものの一面のみを強調した）「理想郷」や「ノスタルジー」を求める。そのこと自体が問題なのではない。このような観光のロマンティシズムが、人種やジェンダーの階層性を前提に成立してしまうことが問題なのである。

タイ航空のパンフレット（2004年）。観光地が女性のイメージで表象される。右上には「タイで陽あそび」とある。

観光客側からの勝手な〈ロマン主義的まなざし〉が、民族差別・性差別を増幅させた例として、アジアのセックス・ツーリズムがある。ロン・オグレディによって報告された未成年売春を含んだセックス・ツーリズムの例『アジアの子どもとセックスツーリスト』（京都ＹＭＣＡアプト訳、明石書店、一九九五年）等からも、「先進国」の観光客が持つアジアに対する、あるいはアジアの女性に対する、「従順で、優しい、本来の女性」という、勝手な「ロマンティシズム」（おまけに彼女たちを経済的に「援助」しているのだという思いこみ）が観光売春を支え、民族・性差別を助長していることが分かる。以前、シンガポール航空が行ったキャンペーン広告「Have “An Asian Affair”（アジアで『お楽しみ』を）」なども、何気なく読めば、問題なさそうなのだが、オグレディの指摘を待つまでもなく、やはり観光地を〈ジェンダー化〉し、その裏側に差別の構造を隠し持ったものと言えよう（“Have an affair”には「不倫する」という意味がある）。

どのような観光が民族差別・性差別から自由なものであるのか、まだ解答はない。「対等」な人間関係を築くことを目的とした草の根ツーリズム（例えば「グリーン・ツーリズム」等）もある。ただ、現在、言えることは、観光が作り出す「ロマンティシズム」には注意が必要だということである。

（初出：Cutting-Edge 第一三号、北九州市立男女共同参画センター〝ムーブ〟、二〇〇四年一月）

第三章　癒しの里のフレームワーク
由布院[1]温泉住民の観光地解釈フレームをめぐって

はじめに

一般的に観光地は、観光業者、地元住民、観光客の三つのプレイヤーの集合で成立している。その内、ホスト側である前二者の集合は、地域外から流入した観光業関係者、地域内観光業関係者（その多くが地元住民でもある）、観光業とかかわりのない地元住民という三つのプレイヤーの集合と見ることもできる。観光客も含めた三者間（あるいは四者間）の葛藤は観光社会学の一つのテーマであるが、この章では、観光客は除き、観光地におけるホスト側のプレイヤーについて焦点を当てる。

観光は一つの産業であり、それが町を挙げて取り組む産業であったとしても、それへのかかわりには当然プレイ

1　二〇〇五年一〇月に湯布院町（人口約一一〇〇〇人）は、隣の庄内町、大分市の郊外である挾間町と合併し人口約三六〇〇〇人の由布市となった。以後、旧湯布院町は由布市湯布院町となったが、そもそも「湯布院」という地名は一九五五年に旧由布院町と旧湯の平町が合併したときに作られたものである。したがって、ここでは、旧湯布院町を指す場合以外は、本来の地名の「由布院」を使う。

写真 3-1　由布院全景

ヤーの温度差が伴う。問題を経済のみに限定したとしても、ホスト側の三つのプレイヤーの集合は必ずしも利害が一致しているとは言えない。このことの多くは、地域内の観光業者、あるいは地元住民対地域外から流入する観光業者に関する対立という図式で理解されてきた。そして、多くの観光地で見られるこの経済的葛藤の図式は、観光研究者、メディア等でも数多く発表、報告されてきている。

しかし、これらの葛藤は、特に伝統文化等、文化の表現の仕方や住民としてのプライドが絡む場合においては、経済的な利害が根底に位置しながらも、経済問題のみに還元できない社会問題と、その社会問題を克服しようとする社会運動の形を取ることも多い。そして、それは観光地の景観や文化そのものも含めた主観的「価値」評価の基準の問題――平たく言えば「好き、嫌い」の問題――にまで波及する。そうなると、葛藤の焦点は当然、「価値」評価の基準をめぐる「枠組み」に対するヘゲモニー（力関係）の問題へと移っていく。一章でも述べたが、観光では表象が現実に優先し、表象の在り方が観光現象の在り方を決める。このことは、観光客においては、第五章で取り上げるように、旅の形態の変容や葛藤となって現出する。そして、観光地においてそれは、生活をしている「場所」が、観光客によってどのように評価され、消費されるべきなのかを決定する枠組みづくりの問題へと収斂される。そして、そのことは、観光地住民の物質的生活と精神的生活両面にかかわってくるために、住民同士の葛藤の潜在的要因を発生させることにもなる。

以上のように、観光地は、たとえ地元住民間であっても、観光地づくりの方向性とその評価に関して、あからさま

1. 地縁血縁にもとづく「地」の住民
伝統的・保守的文化を持つ，あるいは逆に早急な近代化を望むこともある

2. ニューカマーA（または都市経由でUターンも含む）
個人主義的であるが市民的連帯「ロマン主義的まなざし」を強く持つ

3. ニューカマーB（または外部から入ってくる観光業者）
「集合的まなざし」を持つ，または経済的利益のみを期待する

図 3-1　観光地（特に農村型）に発生する社会的な葛藤—三者間の対立

ではないにしても、ある種の葛藤を生みやすい。[2] 観光は一つの近代産業であり、他地域からの人口の流入を伴うため、地元が古くから持ってきた住民同士の、あるいはホストとゲストの伝統的な人間関係を変容させる。観光地がそれなりに地域として収益をあげ発展している間はその葛藤は目立たないか、あるいは地域外からの業者との対立の〈フレーム〉の内に埋没し、かき消される。しかし、観光業の発展が飽和点に達し、地域のテーマが他の〈フレーム〉——例えば福祉行政、市町村合併等——に向けられた時に、それは表面化する。

観光化をめぐる住民の〈解釈フレーム〉と地域の葛藤

筆者は、二〇〇〇年より由布院温泉の観光客および観光業者の調査を、主に質的方法を使って行ってきた。その結果、観光客においてはJ・アーリの言う〈ロマン主義的まなざし〉と〈集合的まなざし〉による解釈フレームが混在していること、観光業者においては主に〈集合的まなざし〉による解釈フレームに対する許容度を

2　例として英国の農村観光地コッツウォルド地方のピッチング・カムデンにおける住民同士の対立があげられる。ここでは、一九八〇年代の後半に、道路のトラックの往来や祭りの在り方をめぐって、生活の利便性をもたらすような「近代的」在り方を求める「地」の住民と、観光のイメージをもたらす「伝統的」在り方を求める新住民（多くはロンドンからの移住者）との間で対立があった。この場合、観光の「ロマン主義的まなざし」は新住民が持って来たものだと言える（塩路有子「文化遺産の保全と観光—英国コッツウォルズ地域を中心に」http://www.hannan-u.ac.jp/learn/865/2002/2.html 参照）。二〇〇二年に筆者が現地で行ったインタビューによれば、住民の委員会を立ち上げ問題は解決したが、潜在的には新旧住民間で依然葛藤があるようだった。

めぐって温度差があること、そして観光業者間の温度差にもかかわらず——単に営利目的で店を開く県外の業者でさえ——「湯布院らしさ」の崩壊、喪失を嘆くという〈フレーム〉が支配していることを確認してきた［須藤、遠藤 2005：第六章］。これに引き続き由布院温泉住民にインタビュー調査を行い、地元住民の観光化に対する解釈の〈フレーム〉がどのようなものであり、それらが観光客の〈フレーム〉や観光業者の〈フレーム〉とどのようにかかわり、葛藤しているのか考察したいと思う。

潜在する地域住民間の葛藤について、本章においては観光地住民による観光地化に対する〈解釈フレーム〉という分析概念を使って説明しようと思う。〈フレーム〉の概念は、一九七〇年代以降アーヴィン・ゴフマンの相互作用論をはじめとして、認知心理学や精神医学の分野においても使われてきたが、特に一九八〇年代以降は社会運動分析、メディア分析等においても幅広く使用されている［Snow and Benford, 1992：136］。〈フレーム〉の概念は、様々な領域で応用されているため、学問的に厳密に定義されているとは言えない。本章ではこの概念を、人々が社会的世界を意味あるものにしようとする時に用いる〈解釈図式（シェーマ）〉という意味で用いる。

〈フレーム〉あるいは〈フレーミング〉については、スノーとベンフォード（D. A. Snow, R. D. Benford）による社会運動論的概念が広く用いられている。彼らをはじめとし、社会運動論に用いられる〈フレーム〉の概念は、社会問題等に関して集合的行為によって導かれた、あるいは集合的行為を引き起こす「意味づけ」や、行為者自身の「アイデンティティ」の定義に関するものであり、集合的なものであるのはもちろんのこと、一定程度持続性があり、ある程度強固であることを前提としている［Hunt, Benford and Snow, 1994］。社会運動論においては、抵抗運動の主体、あるいはその反対者は、問題状況の枠組の単純化、運動主体、傍観者も含む担い手の類型化により、問題状況を自らが掲げた〈解釈図式〉で支配しようとすると考える。そして、一定の〈解釈図式〉が支配したとき、その運動の主体、あるいはその反対者は自らの主張の正統性を獲得し、他を排除できると考える。社会運動の成否はこういった正統性の獲得によることが多い。社会運動とはまさに〈意味づけ〉の闘いなのである。

しかし、いうまでもなく運動の担い手、あるいは傍観者、あるいは反対者は、与えられた〈フレーム〉をそのまま使用しているわけではない。人々は自分の利害状況や、コミュニケーションの文脈に合わせて、変形し再利用している。また、人々によって創造された〈フレーム〉は、一人の人間のなかでも一貫したものではなく、一人の人間が複数の〈フレーム〉を使い分けている場合も多い。特に観光地をめぐる〈解釈図式〉は、社会運動のそれとは異なり、それほど固定したものとは言えず、日常的出来事で変化しやすい。

したがって、ここでは〈フレーム〉概念を、社会運動論のなかで応用されたものよりも、より可変的で重層的なものとして使用している。この意味においては、アーヴィン・ゴフマン（E. Goffman）が日常世界分析に用いた概念に近いかもしれない［Goffman, 1986］。ゴフマンは、人々が〈フレーム〉を、権力を背景とした力学的方向づけのために意識的に使用していることには、あまり重点を置かなかった。彼は、人々が〈フレーム〉という前意識的な〈解釈図式〉を使いつつ、現実をどのように「経験」しているかに注目する。行為者に日常世界を類型化し、意味づけることを促す〈フレーム〉が、第一義的には文化的、社会的に決定され、個人による解釈の前にあらかじめ準備されているとゴフマンも考えているが、彼の関心の焦点はむしろ、人々が既存の〈フレーム〉をいかにして利用しているか、あるいは相互作用の中でいかに変形したり、溢れ出したりするのかにあった[3]。

本章における〈フレーム〉とは、人々が日常生活の場を意味づけるために利用する可変的、多層的な集合的〈解釈図式（シェーマ）〉のことであり、可変的で重層的という意味においてはゴフマンの概念に近いが、集合的という意

3　例えば、ボクシングの試合において、ボクサー、そして観客は、ボクシングの試合はスポーツでありケンカではない、という〈フレーム〉を持って、その場を意味づけているが、興奮したボクサーが試合という〈フレーム〉を超え出で、喧嘩に近い行為に及んでしまうこともある。またサッカーのサポーターによくあるように興奮した観客が、スポーツの試合見物という〈フレーム〉から、ケンカどころか戦争というフレームへと「チャンネル」を切り替えることもありうる。こういった可変的な場こそゴフマンの〈フレーム〉概念は有効なのである。プロレスのようにむしろ〈フレーム〉からの逸脱自体を〈フレーム〉のなかに隠し持っている場合もある。筆者は、日常生活において人々は、〈フレーム〉を変更したり、逸脱したりしつつ行為し、〈フレーム〉自体も多層で多重な意味を持ちうると考える。

写真 3-2　由布院温泉のメイン・ストリート湯の坪通り

味においてはベンフォードとスノーによる用い方に近い。また、ゴフマンが〈フレーム〉を無意識あるいは前意識的な「認知的構造」としているのに対し、本章では〈フレーム〉を、ベンフォードとスノーによる問題状況の解釈のように、一定程度「論理的」（意識的）な図式というような意味合いで用いる。

　以上のように集合的であるが可変的な〈フレーム〉という概念を使い、人々によって持たれた観光〈イデオロギー〉（ここでは〈虚偽意識〉という意味ではなく、「真／偽」概念を超えた意味で〈イデオロギー〉概念を指す）がいかなる社会的文脈からもたらされるのかを解明しようと思う。背景の違う行為者たちによる観光を巡る〈意味づけ〉が、どのような文脈のもとになされ、観光以外の事象とどのように絡み合い、どのように変容するのか、由布院における住民インタビューの事例から見ていきたい。

インタビュー調査とその結果

　調査時期は二〇〇四年六月及び八月。筆者とゼミの学生が合計約六〇人の由布院地区在住の住民に対しインタビュー調査を行った。インタビューは家に直接訪問して行ったものもあるが、主に戸外で行った。インタビュー対象者は湯布院町に住む者に限定したが、観光業に関係しているかどうかは問わなかった。調査は調査員と対象者が、「近年の湯布院の観光地化について」を中心に、「湯布院らしさについて」「観光客に自慢できるものについて」「何でも言いたいこと」といった大まかなテーマで雑談し、録音した語りを後で解析するという形で行った。

四つのフレーム

インタビューの録音記録を分析していった結果、以下にあげたような、観光化に対する四つのタイプの解釈〈フレーム〉が存在していることが分かった。前述したように、解釈〈フレーム〉は一人の人間が複数持っている場合もあるため、一人の語りを二つ以上のフレームに分けたものもある。以下四つのフレームについて、例をあげながら述べよう。

〈フレーム1〉（問題はあるものの）町の観光化を評価する

語り1「土日は人が多くて地元の人が外に出にくいこととかあるけど、観光の宣伝効果が普及してきて湯布院がブランド化されたことはいいこと」（湯布院生まれ、六〇代男性）。**語り2**「よい方向に変化したと思う。発展したけど、古いものはあるし、私は好き。若い人が多いし、若い人の前向きな姿勢が、他のところと比べて…」（湯布院生まれ、五〇代女性）。**語り3**「新しい店はみなよその資本だけだけど、それがないとやっていけないもんね。それでいいと思う。田舎だけじゃ食っていけないから、大いにやっていいよ。別に自然は壊してないし…」（六〇代男性）。**語り4**「お客さんは増えてきてると感じる。活気づいてる。観光の面ではね。二・三〇年前に比べたら」（大分市出身、五〇代女性）。

多少問題はあるものの、観光化そのものには賛成している。外部資本については評価はしないが、特に反対もしない。

〈フレーム2〉外[4]からの資本が町の景観や人間関係を壊している

語り5「ちょっと油断してると新しい店ができたり、無くなったりしてる。お店が多いのはいいと思うけど、あれは地元の人の商売じゃない。とりあえずお店がぐちゃぐちゃになってる。昔の静かな雰囲気は無くなってきてる」

4 「外」とは、多くは「県外」を指しているが、「外」と「地元」あるいは「地」の境界はあいまいである。由布院出身者にとって「地元」とは由布院温泉地区だけを指すことが多いが、大分市出身者は由布院も「地元」に入れる傾向がある。

（五〇代女性）。**語り6**「ホテルでも何でもそこあたりのお店でも、県外資本が入って来てね。そんなことで、心を失っとるんですよ」（七〇代男性）。**語り7**「便利がよくなった割には人（人口）が少ない。店ばっかりできてるけど、よその人ばっかりだから。地元の人はいないよ」（七〇歳代女性、湯布院に来て四〇年）。**語り8**「今は県外の人がやってるお店ばかりで…地元の人は安くておいしいものを提供してくれるけど、県外の人は高く提供してる。外の人は、パーと儲けてすぐどっか行くから、地元の人が作っていくようなところにしたい」（六〇代女性）。**語り9**「湯の坪街道のお店の人たちはほとんど地元の人いないんだよ。県外の人ばっかりだからね。だから店を出すのはいいんだけど、湯布院町に市民税払ってない人ばかりだから、何もメリットない。そういう人が多いんだ、非常に。その人たち本人はプラスかもしれんけど、私たちにはプラスにならん」（五〇代男性）。

この〈フレーム〉は、観光化そのものに積極的に反対するわけではないが、外部資本の流入に強い警戒感を持つものである。補足すれば、湯の坪街道沿いの店も実際には、全体の三分の一程度は由布院出身の人が経営している店であり、また「よそ者」経営者の多くは県外ではなく大分市から来ているのが実状である（福岡県出身者も多いが）。語りの内容は実態からかなり逸脱している。

〈フレーム3〉観光化のおかげで暮らしにくくなった

語り10「車が多い、観光客が多い、多すぎて（地元の人の）車も思うように走れない。ぞろぞろ道の真ん中歩くから…」（五〇代女性）。**語り11**「人（観光客）が多すぎ。観光客が増えた。困るんですよ、学校に通うときに人が多くて…。湯布院らしさ？　わからん…ほんとに分からない。自慢できるもの？　あるっけ？　特に無いよね…」（一五歳男性二人組、湯布院生まれ）。**語り12**「観光客が来るから物価が高い。年間何十万って来るけど（約四〇〇万の間違い）、最近の観光客は泊まらない。ものを買わない。地元の人は働くところが無いよ」（八〇代女性）。**語り13**「クローバー摘みとかしても手がそんなに汚れることはなかったんだけど、手が真っ黒になるんですよ。公害で排気ガスが…やっぱりね。だからそういう面で、あまり良いとこはないですね」（六〇代男性）。**語り14**「マナー

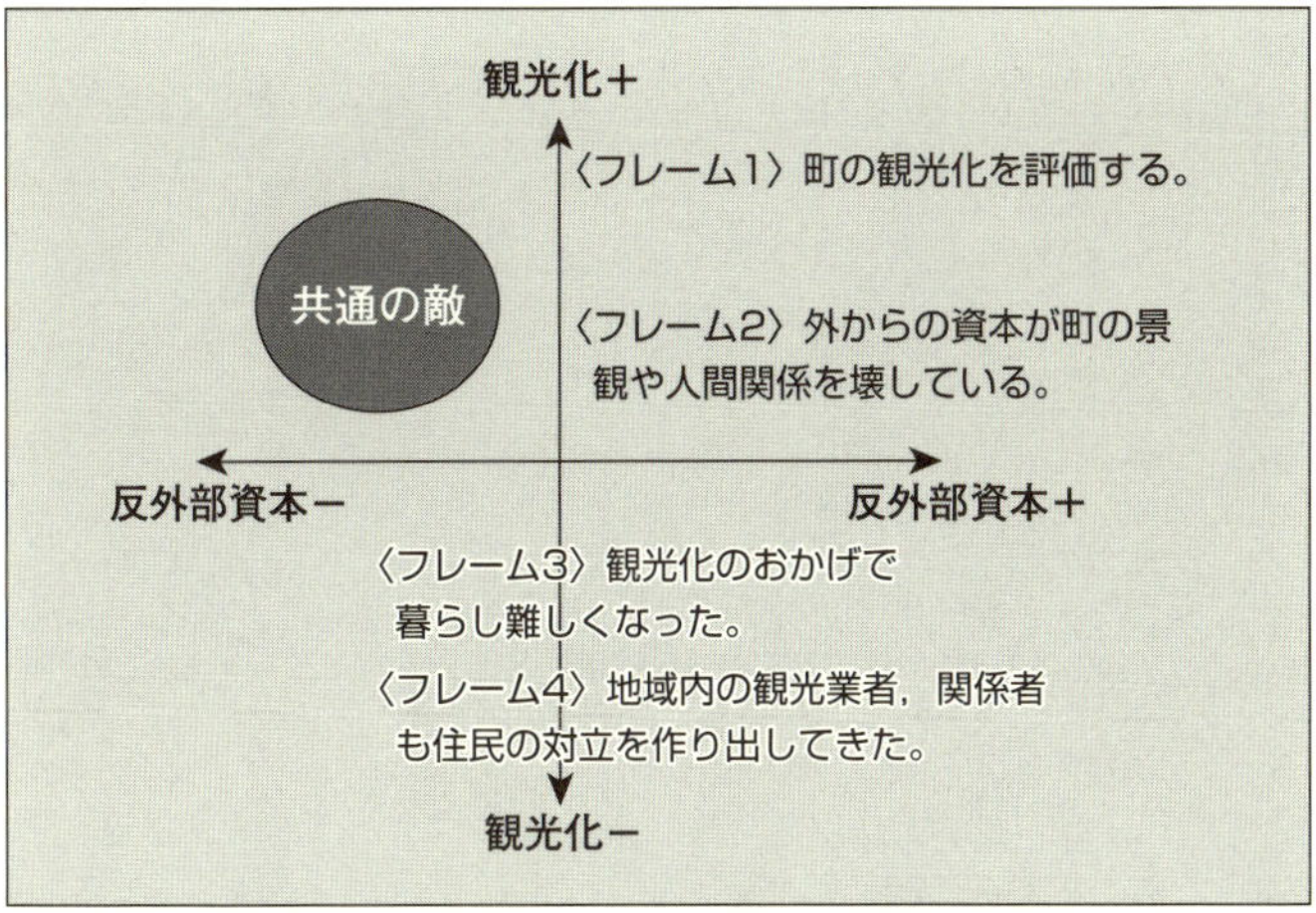

図 3-2　4 つのフレームの関係と共通の「敵」

が悪い。特に車に乗っとる人、歩いとる人、歩行者ね、もうこんなにね、マナーの悪い人はないわね。うーん。日本人の特徴？　旅の恥はかき捨て？」（七〇代男性）。

　このフレームは観光化そのものに反対するフレームである。しかし、地元の観光業者に対する反発はない。

〈フレーム４〉（地域外の観光業者ばかりでなく）、地域内の観光業者、関係者も住民の対立を作り出してきた

語り15「地元の人に対してはあんた、観光は、なーんも、役立たんのやけんな。ただもうその旅館とか、商売人が、もうその、観光、観光ちゅって…。それに観光客は何もないのに宣伝にだまされて来ている。物価も高いし…。観光するのも、商売するのもかまわんけど、勝手にやってくれって感じだ」（八〇代男性）。**語り16**「（外の資本が）入り込んで、金儲けするから、地の人は追いやられるから、土地を売ってでもなんとかかね、金をかせぐっちようなことで。土地を売れば買うた人がまた。ね、悪循環ですよね」（六〇代男性）。**語り17**「映画祭だって、あの…地元の人がしとるんやない。湯布院には文化人はいらないいっちゅう…」（六〇代男性）。**語り18**「住んでいるのにお互いに顔が見えていない。で、そういうところから例えば、観光と根っから暮らしている人の間に溝があったりとかがあるのかなと。同じものを目指してたとしても、そういう顔が見えないからお前らとは言うことが違うんだという状況になってるんじゃないのかなとは感じる」(三〇代男性)。

このフレームは、外部資本の侵入ばかりでなく、一連の観光まちづくり運動にも批判的なフレームである。ただし、この〈フレーム〉は、以前(少なくとも一九九九年のインタビュー時)は表面化していなかった。観光地の成熟がピークを越えたことと、それが町村合併問題と結びついてしまったことが表面化の原因と考えられる。

観光地化をめぐるフレームの醸成と変動

由布院では地元観光業者、旅館組合を中心に行政や地元住民を一部巻き込みつつ、一九五〇年代のダム建設反対運動、一九七〇年代のゴルフ場建設反対運動等、外部からの「開発」に一貫して対抗し、伝統的な由布院の暮らしを「守る」運動を展開してきた。また、一九七〇年発足した「由布院の自然を守る会」は、一九七一年には「守る姿勢」から「創る姿勢」へと変貌を遂げ、名称も「明日の由布院を考える会」へと変え、組織も改組していった。反対運動の過程で作り上げられた人的資源、社会関係資源が、映画祭のようなイベント立ち上げ等、手作りのまちづくりの取り組みへ動員され生かされていった。特に八〇年代以降は、温泉ブームの追い風を受けながら、独自の温泉地づくりの理念と実践を、テレビ等に数多く露出させることに成功した。由布院独自の観光まちづくり運動の成功の秘訣は、話題作りがうまく、メディアを大きな資源として有効に活用してきたことにあったと言っても過言ではない。特に最近では、二〇〇三年の一一月にNHKの『プロジェクトX』で大きく取り上げられ、また、二〇〇五年一〇月から二〇〇六年四月まで放映された朝の連続ドラマ『風のハルカ』の中にも、一連の運動の理念は顔を出している。[5]

5　NHKの連続テレビドラマ「風のハルカ」では、由布院の観光PRが意図的になされている。番組最後に流される土地の「名物料理」やJR九州とのCMタイアップ(写真3-4参照)を見れば明らかである。二〇〇五年には日銀大分支店は「風のハルカ」による経済効果を一二六億円と見込んでいた。

一九八七年に施行されたリゾート法（総合保養地域整備法）以降由布院では、外部の業者によるホテルの建設計画、土地の買い占め等が問題となる。これに対抗するために、旧湯布院町は一九九〇年「潤いのあるまちづくり条例」を制定し、外部の業者による大型の開発を規制してきた。一九七〇年代からのゴルフ場開発反対運動、サファリランド開発反対運動、そして、このリゾート法施行以降の外部業者に対する土地買い占め規制等、一連の反対運動をとおして、由布院独自の理念とその実践への共感が生まれ、それらを理解しない外部資本に対する批判から〈フレーム2〉が醸成されてきた。環境、文化、人間関係破壊をする外部の開発業者から住民の利害を守る「内発型」の観光地づくり、まちづくりを目指すという方向性が、「由布院らしさを守る」という「良き観光」の〈マスター・フレーム〉（下位の論理を導き出す基本的〈フレーム〉、あるいはgood reason）となっていったのである［Snow and Benford, 1992 : 142］。しかし、〈フレーム2〉は観光化そのものを批判するものではなく、そしてまた、「良き観光」と「悪しき観光」との線引きも実は曖昧なものである。したがって〈フレーム2〉と〈フレーム1〉との合成こそが由布院の観光化の方向性を決めてきたと考えた方がよいだろう。

しかし、この運動はあくまでも観光に関するものが中心であったため、観光業とはあまり関係のない地元住民を十分巻き込んできたとは言えない。兼業も含めた旧湯布院町の農業人口は現在二六〇〇人（由布市湯布院町人口の約四分の一）と、この二〇年間で三五％減少し、年間の観光収入一七〇億円に対し、農業収入は一三億円でしかない。過疎化からの脱却をはかるためには、観光を第一の施策として考えることが避けられなかったとしても、観光化から取り残された人々の意識（あるいは無意識）が特に〈フレーム4〉の論理を次第に作り出してきたと思われる。

ダムやゴルフ場といった大手の「開発」に対する反対運動はほぼ成功し、由布院を「守る」運動は、ある種の正統性を獲得し、各種条例という形で法的にも制度化された。その過程で、従来の「開発」型とは異なるオルタナティブな観光を推し進める論理の共有も進められてきた。「由布院らしさを守る」という「マスター・フレーム」の使用は「守る」運動成功で一サイクルを終え、二サイクル目にあたる「創る」運動へと引き継がれていった。「反対運動」という形を取らないオルタナティブ型、住民参加型の「創る運動」は、反対運動という形を取る「守る」運動に比べ、運動の下位「フレーム」を持続的に分かりやすく提示し難い。特に新しいオルタナティブな価値や目標は、都会から来る観光客にはある程度理解されても、農業が主体であった「地」の住民や千人程度はいるといわれる自衛隊関係者[6]にとっては分かりやすいものであったとは言えない（図3-3参照）。

その後も、一九八七年のリゾート法施行直後のリゾートマンション建設反対運動（これも一九九〇年に「潤いのあるまちづくり条例」制定で一定の成功を見る）等、「守る」と「創る」のサイクルは続き、「守る」運動としての「合併反対運動」へとつながっていった。しかし、もともと「反対運動」の性格を持った「守る」運動として出発した一連の実践活動は、「創る」運動へ向けた「地」の住民の動員には必ずしも成功しなかったために、サイクルを重ねるごとに次第に自閉化せざるを得なかったのではないだろうか。それに加えて、観光客数が飽和状態に達し、観光による町全体の収益が伸び悩んだことも、観光業に携わる住民と携わらない地元住民との微妙な意識の断絶を次第に浮き彫りにしてきているように思われる（図3-3参照）。

町長リコール、再選挙運動とフレームとの関連

以上のことは例えば、二〇〇四年冬から二〇〇五年春にかけて行われた町長リコール運動から町長再選挙の結果等にも現れているのではないか。旧湯布院町では、庄内、狭間町との合併を進めようとする前町長に対し、長年の間、湯布院町の地域内結束を保ちつつ湯布院ブランドを作り上げてきた地元の観光協会を中心とする住民たちは、合併反対運動をもって対抗し、町長のリコールに必要な町民の三分の一以上の署名獲得に成功した。これに対し前町長は、リコール成立前に自ら辞職し、出直し町長選に打って出た。リコール派の住民代表は合併反対派と条件つき賛成派の二手に分かれ、二人が立候補しこれに対抗する。しかし、結果はリコール派二人の票を集めてもはるかに届かない前

6　由布院温泉のすぐ近くには、湯布院自衛隊駐屯地と日出生台自衛隊演習場がある。

職のS町長の圧勝であった（獲得票数はS前町長約四五七〇票、合併反対派U氏約一八五一票、条件つき賛成派S氏約一〇八〇票）。もちろん、この町長選の表面上の焦点は、町村合併の結果における行政の効率と自治の問題であり、観光政策ではない。しかし、インタビューからも、町民は合併問題の解釈の焦点を、観光ブランドとしての湯布院を守る集団対、観光ブランド以外の利点を強調する集団との闘いという〈フレーム4〉に持っていく傾向が見受けられた（例えば：**語り19**「湯布院を有名にしたけど、有名にして何にも良いことない。…そういう連中が、（合併に）反対しよる。最初から勝つめどはないちゅうわかっとるけどね」。**語り20**「町長のリコール運動あったやろ。あれは、合併したら旅館組合が湯布院の名前が使えんくなる、ここだけで、それだけでね」）。

由布院に引っ越してから十数年という四〇代の男性Aは次のように分析している（完全に「地」の住人ではないので客観的なまなざしで見ている）**語り21**。

調査員：先ほどから話をうかがって、由布院は悪くなっているというお考えのようですが、その原因は何だと思われますか？

A：今までね、みんなで話し合って決めるという仕組みができあがっていなかったと思うんだよね、この町は。二〇数年観光の発展と平行して、だんだんみんなの仲が悪くなってきて、こんな小さな町に、そういうしがらみがあるんだ。それが解消されずにきたから、リコール問題とか、合併問題とかで、それが決定的になってしまったね。

調査員：観光協会などの方々と、他の住民の方で考え方に違いがありますか？

A：俺はあると思う。それで、本当にいろいろ論争になったんだ。論争といっても、みんなが正面からばんばん話し合えばいいんだ。だけど、田舎の人だから、背中を向け合って話し合いしてる。君らからすれば、変なことだと思うけど、観光自身もこの問題で分裂してしまって、リコールとか、合併とか反対するのは、ぐっと少数派になってしまったね。

写真 3-3　由布院の中心，金鱗湖

全国で争われた町村合併の争点は主に、地域の自治、自立か、広域行政による効率かといった問題である。湯布院町の自主財源率は四六%と大分市に次いで高い。今まで手作りで作ってきた草の根民主主義的話し合いの土壌もある。しかし、この町長選では、観光ブランドを守ることが大切か、観光とは別の自分たちの生活——学校、病院、農政、ゴミ、下水処理等生活インフラの問題、過疎、少子高齢化対策や合併に伴う特別債や交付税等——が大切か、といった二者択一図式の方向に争点が流れていったように思われる（反町長陣営はさかんに地域の自治の大切さを訴え、それを争点にしようと努力してはいたのだが）。合併推進派のフレーム——行政の効率化や生涯学習、福祉等サービスの広域化と効率化をまずあげ、最終的には、国と県の財政的支援を強調するもの[7]——と、反対派のフレーム——住民自治、大分市の郊外である狭間町の影響力に対する湯布院町の影響力低下、合併に伴う財政支援のまやかしを強調[8]——の是非こそが争点であるはずだったにもかかわらず、合併問題に関する住民の解釈図式のなかにもやはり、〈フレーム3〉および〈フレーム4〉が、入り込んでいたということが確認できる。

7　合併協議会 http://www.d-b.ne.jp/gappei17/faq/index.htm 参照。
8　ともに生きる風のがっこう・合併問題研究会 http://www.coara.or.jp/~yufukiri/gappei/ 参照。

結論――ホスト／ゲストとロマン主義的まなざし

観光地におけるホストとゲストの文化的対立については、観光人類学、観光社会学の分野でも数多く報告されている。ホストにとって観光地の文化や〈場所性〉は、生活者である住民が生活実践の歴史のなかから醸成し、日々の暮らしのなかで支えているものである。しかし、ゲストにとってそれは消費の対象であり、観光客は「よく知られたものの確認（または発見）」［橋本，1999：16］を期待し、その場所のイメージを消費しようとする［アーリ，2003］。ホストはゲストのために、生活のなかで培われた文化を、彼らに容易に分かるようなイメージで提示しなくてはならない。観光地ブランドとはこういった商品化のための文化の再解釈、再提示というなかで作られてくるものである。由布院のイメージに現実とかけ離れたものが多い、というのはこのインタビューからも多く聞かれた（『プロジェクトX』や『風のハルカ』の虚構性についても住民の多くが指摘していたし、『風のハルカ』は観光業者とのタイアップで制作されていることも「イメージ性」が強いことの要因かもしれない）。「有名観光地」としての歴史が長いわけではない由布院地元住民にとって、地元イメージ、アイデンティティはそれほど明確なものではない。このことは、誇れるものについて聞かれた時、「美しい自然」と答えるものが多いのであるが（観光調査に限らず農村における他の調査においてもこの回答は多いのである）、それ以外は「名所や名物があるわけではない」、「特になにもない」と答えた住民が多くいたことからも分かる。また、今から三〇年以上前、一九七〇年に「由布院の自然を守る会」が発足した当時、観光の見地から藁葺き屋根等の農村的景観を守ろうという気運になったときに、住民の間から「他所者の見せ物になってまで俺たちが、貧乏たらしい暮らしをせにゃならんか」という意見が出たことが報告されている［花水木，No8，1973：19］。このような、観光客が持つ「非日常的」観光イメージと観光地住民が持つ「日常的」イメージの乖離は、観光化が住民の集合的アイデンティティを鼓舞し、観光客も増え、雇用も増え、さらに町自体が経済的にも活気づいている時には、存在しないか、存在しても目立つことはない（一九七〇年から二〇〇〇年までの三〇年間に入込み観光客数は四倍の約四〇〇万人になった)。しかし、前述したように、観光客数も飽和状態になり、観光収入も伸び悩み、観光がそれほど多くの収入を地域住民全員にもたらすわけではないことがはっきりした時、住民が湯布院ブランドのために創り上げ演じてきたイメージが、日常の自分たちのイメージとあまりにかけ離れていたことが浮き彫りになってしまう(二〇〇〇年以降、入込み客数は約四〇〇万人近辺で伸び悩み、近年は減少傾向にさえある。宿泊客も同様である)[9]。

筆者は以前の調査から、由布院が「ロマン主義的まなざし」で成立している町であるのに、観光客のまなざしは「ロマン主義的」なものばかりでなく、カーニバル的な「集合的まなざし」も含まれていることを指摘した[須藤、遠藤、2005:第六章]。観光業者の多くは「ロマン主義的」なイメージを商品化しようとするのだが、観光客の需要がある以上、当然「集合的なもの」もまた提供されている(こうした混在は日本の観光地の特徴とも言える。例えばイギリスでは「ロマン主義的」な湖水地方やコッツウォルド地方等と、「集合的」なブラックプール等とにはっきりと区分けされている)。一方、由布院住民のほとんどは「集合的」なものを歓迎しない(「うるさい」「けばけばしい」「じゃま」等、人が多く集まることを積極的に歓迎している住民は一人もいなかった)。しかし、「ロマン主義的」なものについての評価は現在二手に分かれている。「手作り」を売り物にする「ロマン主義」を積極的に評価する見方がある一方、それもまた、観光客のための高級なイメージ商品の一つにしか過ぎないとする見方(「観光客が広告イメージに騙されている」という住民の言説に代表される)が、観光化から疎外されてきた住民のあいだに存在する。「ロマン主義的まなざし」は観光業者のなかでは合意が成立しても、由布院住民のなかにおいては成立しているとは言えないのである。

当研究はあくまでも言説研究であり、このようなフレームの分立の社会的あるいは経済的要因を深く掘り下げて分析するものではない。しかし、ここで特に〈フレーム4〉を成立させる要因について簡単にまとめておこう(図3-

9 大分県HP・大分県の統計 http://www.pref.oita.jp/10800/index.html#12 参照。

3参照)。一つは、地縁血縁にもとづく伝統的人間関係と、伝統的な人間関係にはもとづかない市民的な人間関係、あるいはそのどちらにも含まれないものとの対立である。由布院で戦後起こったいくつかの反対運動や、そこから生まれた保存保護運動が、都市的、選択的、個人主義的な連帯を作り出したのにもかかわらず、その運動のなかに、地縁、血縁にもとづく伝統的、農村的な連帯の形がうまく馴染むことができなかったことが考えられる。〈フレーム4〉を使用する住民の多くが高齢者であることからもそのことは裏付けられる。観光化が生む雇用が旅館やホテルで雇用される比較的短期の労働者等の未熟練労働であることが多く、特に観光客が増え続けている観光地は「外」から入り込む労働人口も多い(二〇〇〇年の時点で一二九軒の旅館に、旧湯布院町全体の事業所従業員数の三分の一、約一七〇〇人が雇用されている)。「観光客」から転じて住民になるものも由布院では少なからずいる。戦後の一連の運動は、主に地元出身者によって担われたものであるが(リーダーにUターン組が多いと言えるのであるが)、運動自体が市民運動的なものであったために、非常に開放的なものであり、外部からのニューカマーも参加しやすかった。特に、ゴルフ場建設に対する反対運動からその後のリゾートマンション規制運動に至るまで、外部の業者に対する敵対心が醸成されるのであるが、その運動には、地元生まれの者ばかりでなく、ニューカマーの一部もまた参加している。[10] したがって、由布院の「地」の住民にとっては、一連の反対運動が作り上げた市民主義的な連帯のあり方は「都会的な」洗練された観光化のあり方——「都会的」であるからこそロマンティックな農村風景を求める——と一体であり、リゾート開発業者とは別物であるにして

●文化的対立

市民主義 vs 伝統主義(選択的,主体的 vs 宿命的,受動的)
都市的 vs 農村的(理念的,理想的 vs 現実的)

●社会的対立

地縁・血縁 vs 市民主義的ネットワーク(閉鎖的人間関係 vs 開放的人間関係)

●経済的対立

観光による利益有り vs 観光による利益無し(観光関係業種 vs 観光無関係業種〈特に農業+自衛隊〉)

図 3-3 湯布院住民に潜在する文化的,社会的,経済的対立の構図

10 まちづくり運動に対する観光業者の参加意識の温度差については、[須藤、遠藤 2005] 第六章参照。

写真 3-4　JR 鹿児島本線列車内広告：NHK 連続ドラマ『風のハルカ』は JR 九州とタイアップしていた。

も、やはり「外」からもたらされたものだという意識があるのではないだろうか（語り16の「文化人」という言い方にそれが表れていないか）。

もう一つは、観光化に伴う物質的利害の問題である。「地」の住民であっても、一連の観光化が自分たちの利害に叶うものである限り反対はしないが、観光を生業としていない住民や、土地の高騰等の利益に預かれなかった住民等が、観光化が自分たちの利害とは関係がないと知ったとき、観光化に関連のあるまちづくり運動のフレームから彼らが離反しがちになることは容易に想像できる（例：**語り21**「自分はバブルで土地が動いたおかげで儲けがあったからそんなには言えんけども、観光業に従事してない人たちはしらけた目で見よる」五〇代農業男性）。

将来、由布院温泉が急速に衰退しない限り、外部からの流入人口が「地」の住人の人口を圧倒することも考えられる。また、世代の交代により、地縁や血縁にもとづく連帯のありかたも変化するであろう。住民の組織化のあり方に関する新旧の対立は次第に減少することも予想される。[11]「外」からの人の流入、町村合併による自治の衰退といった、由布院の「都市化」は次第に、寺院の檀家等を基盤にした保守的な「地」のつながりを解体していくと考えられるが、一方で一連の反対運動から「由布

11　住民組織自体を嫌う若い住民の「フリーライダー」化が、懸念材料として今後また新しい「フレーム」を作ってゆくかも知れない。

院らしさ」を創り出してきた市民的な連帯もまた失われてゆく危険性も孕んでいる。由布院のまちづくりを進めてきたリーダーの一人中谷氏は現在、まちづくり運動のなかで培ってきた「由布院盆地」の創造的関係性を日本中〈韓国等外国にも〉に広める運動を提唱している。観光によって、開かれた人格的関係性を創造してゆくには、消費社会化の真っただなかで〈他者性〉を喪失してゆく観光地の在り方に対して、根本的な批判と価値転換が試されると筆者は考える。

おわりに

観光とは、場所の「イメージ」を商品化することである［アーリ，2003］。このため、観光地は「イメージ」のあり方を巡って分裂が起こりやすい。それを解決するのに、観光地の「イメージ」化を止めることをもってすればいいのだろうか。第一章で強調したように、そもそも観光地のイメージに対して「真／偽」を問題にすることに意味がないし、観光地が廃れない限り「イメージ」化は止まることがない。問われているのは観光地の「イメージ化」そのものではなく、「イメージ」にかかわる地域住民の文化創造性と、「イメージ」が作り上げる人間関係創造性（人間解放性）なのである。

前近代において観光が信仰と深くかかわってきたことからも分かるように、観光は、「信仰」が「脱魔術化」という強大な敵の前に消滅しようとする現在においてさえ、日常と非日常を分ける集合表象の体系抜きには存在できない［須藤，遠藤，2005：42-91］。現代においては、その信仰の多くを消費社会の様々なメディアが作り出していることが様々な問題を発生させる。恐らく由布院温泉の文化表現は、消費社会の変化（深化）と関係があったと思われる。これからも、温泉観光は消費社会の一つの在り方を追求していかざるを得ないであろう。

そのような状況のなかにあって重要なことは、「イメージ」を一人歩きさせないことであり、住民が疎外感を感じない程度に――すなわちそこで生活する住民自体にも「信じられる」程度に――自らの手でイメージを上手くコントロールし、消費し尽くされないように制御することであろう。強いられた「演技」が疎外感を生むのに対し、自らの手でコントロールした「演技」は、住民自身をも楽しくさせるものであるのだから。

由布院は独創的「イメージ」を作り出すノウハウを持っている。また、数々の反対運動や保護、保存運動のなか、住民自治への訓練を長い間積み重ねてきた人材も数多くいる。[12] 映画祭、音楽祭等の観光行事があまり地元の住民を巻き込んでこなかったとはいえ、それらの行事をはじめ、観光総合事務所を中心とした様々なグループによる会合等は、由布院のコミュニケーション資源、人的資源等を醸成してきた。また、由布院には地域自治のガバナンスを支える信頼、[13] 住民参加への意欲、正義感といった「社会関係資本（ソーシャル・キャピタル）」［R・D・パットナム 1994］や社会的ネットワーク資源が豊富に存在する。このような市民的連帯は、地縁、血縁にもとづくような伝統的な連帯とは異質なものであったかも知れない。しかし、もう一度住民自治の原点に立ち返り、伝統的な人間関係も包含するような身の丈にあった連帯とイメージづくりによって集合的アイデンティティを再生させる底力を、「開発」という破壊から守った美しい自然とともに、まだまだこの町は持っていると筆者は思う。

最後に、見落とされがちであるが最も切実で現実的な問題を指摘しておかなければならない。現在、由布院周辺の大分県の山村の多くは、激しい過疎高齢化のなかで集落の維持もままならず、地域社会が急速に衰弱していく「限界集落」を数多く抱えている。高齢化率だけ見ても、旧湯布院町と同時に由布市の一部となった旧庄内町は約三一％、旧湯布院町に隣接する宇佐市安心院町が約三五％（旧湯布院町はまだ良い方で二三％）と軒並み三割を超えている。雇用と八〇年代に一時的に青壮年層の人口流出が減ったものの、九〇年代からはまた人口流出が激しくなっている。雇用とやりがいをもたらす広い意味での観光の振興、あるいはグリーンツーリズムを推進している安心院町（宇佐市）のように、農業と観光業の連携は、この地方においては急務の課題なのである。[14] 旧湯布院町もまた、農業人口の急速な減

12　一九七三年には既に「明日の湯布院を考える会」が第三回「あすの地域社会を築く住民活動賞」を受賞していることからも、社会関係的資源がこの地では豊かであることが分かる。

13　対立しつつも信頼するという気風「対立的信頼関係」があると中谷氏も言う［二〇〇〇年三月沖縄県名護市での中谷健太郎氏講演］。

少の問題は深刻である（一九八〇年には九六一戸あった農家戸数は二〇〇〇年には六四六戸に減少し、専業農家は七二戸しかない）。農業の衰退も問題であるが、由布院の観光自体も実は農村風景という「借景」があってはじめて成立しているのであるからさらに深刻である。しかし、ジレンマをかかえつつも観光に頼る由布院という現状は後戻りすることは現実的にはもうできない。大きくなり過ぎた「観光」という竜（幻想が作り出したものではあるが）は、小さく萎めようとすれば、消えてなくなってしまうであろう。巨大な竜をなんとか住民のコントロールのもとに置くための知恵が求められている。

---

14 安心院町のグリーンツーリズムの成功に触発されて、安心院町周辺においては実に多くの町村がグリーンツーリズムの試みを始めているが問題点も多い。

〈参考文献〉

Goffman, E.（1986）. *Frame Analysis: An Essay on the Organization of Experience*. Boston, MA: Northeastern University Press.

Putnam, R. D., Leonardi, R. and Nanettii, R. Y.（1994）. *Making Democracy Work: Civic Traditions in Modern Italy*. Princeton, NJ: Princeton University Press.

Scott, H., Benford, R. D., and Snow, D. A.,（1994）. "Identity Fields' Framing Process and the Social Construction of Movement Identities." In E. Laraña, H. Johnston, and J. R. Gusfield,（Eds.）, *New Social Movemrnts; From Ideology to Identity*. Philadelphia, PA: Temple University Press. pp.185-208.

Snow,D. A., and Benford, R. D.（1992）. Master Frames and Cycles Protest. In A. D. Morris and C. M. Mueller（Eds.）, *Frontiers in Social Movement Therory*. New Heaven, CT: Yale University Press. pp.133-155.

アーリ、ジョン．（1995 = 2003）．『場所を消費する』．（吉原直樹他、訳） 法政大学出版局．

須藤廣、遠藤英樹．（2005）．『観光社会学―ツーリズム研究の冒険的試み』．明石書店．

橋本和也．（1999）．『観光人類学の戦略―文化の売り方・売られ方』．世界思想社．

＊本章は、須藤廣（二〇〇六）「『観光化』に対する湯布院住民の解釈フレーム分析」北九州市立大学北九州産業社会研究所紀要第四七号をもとに、書き直したものである。

第四章 まちの再魔術化と住民の意識

北九州市門司港地区住民の意識調査から

はじめに

一九八七年に制定されたリゾート法（総合保養地域整備法）による大型観光開発の破綻が目につくようになった一九九〇年代以降日本各地において、自然や歴史的遺産を保全保護し、あるいは人工的に景観を創造し、イメージアップを図ることによって他所からの訪問客のまなざしを集める「まちの観光化」が、リゾート法にもとづく観光開発とは別の形で、進行していった。その多くは、まちのアイデンティティの確立と経済的活性化とを同時に図るという目的を持って、行政が積極的にかかわる形でなされてきたものである。一九九二年に国土庁から出された『商業機能によるまちづくり戦略』には、地域活性化の重点として、住環境の快適化（アメニティ）や生産環境の利便化（アクティビティ）とともに、「イメージ」の確立のための地域環境の個性化（アイデンティティ）の実現が強調され、事例として選出された二二の町のなかには、現在「観光まちづくり」の成功例としてよく知られている、小樽（北海道）、小布施（長野県）、湯布院（大分県）、高山（岐阜県）、長浜（滋賀県）等が入っている。[1] この報告書のなかでは、「『地域の顔』としての商業集積において、アイデンティティを確立することがアメニティ、アクティビティのた

写真 4-1　北九州市・門司港レトロ地区

めにも効果的」（この部分が枠でくくられ強調されている）［国土庁大都市圏整備局，1992：41］といったように、町の視覚的「イメージ」の整備こそがこれからのまちづくりの中心となるべきだと示唆されている。このことから分かるように、一九九〇年代には、「観光まちづくり」は、住民運動の枠を超えて、行政が行う都市（地域）工学的手法の一つとして確立していたと考えられるのである。[2]

一九八〇年代の後半より着手された門司港の観光開発も、以上のような流れのなかで、行政の都市整備施策として取り上げられることによって進められてきたものである。この章においては、一九九〇年代以降に主に行政によってなされた「まちの観光化」が、地域や地域住民にどのような「効果」と「問題」をもたらすのかを、北九州市門司区門司港地区を例に取り分析する。ここでは、主に住民意識調査を使い分析するが、筆者が日常的に門司港地区で行っているフィールド・ワーク[3]から得た知見も補完的に用いる。その前にまず、分析の対象である北九州市門司港地区の特徴とその観光開発の歴史から、その意味

1　他の町についても、商業機能の内容よりも景観の保存保護、整備が中心に記されている。

2　観光客のまなざしを集めることによって、経済的活性化と地域のアイデンティティの確立を同時に図ろうとする地域戦略は、一九七〇年代から主に住民組織を中心に行われてきたものである（まちなみ保存運動の始まりだと言われている木曽の妻籠宿は一九六〇年代であるが）。妻籠、白川郷、小樽、由布院等、一九七〇年代のまちなみ保存保護運動には開発反対運動から発したものが多く、住民組織が創り出したものが多いのであるが、一九八〇年代からは次第に行政（あるいは第三セクター）も積極的に仕掛けるようになる。門司港の開発は行政主導の「観光まちづくり」の典型であろう。

を考えてみよう。

門司港レトロ地区が観光地化されるまで

門司港は一八八九（明治二二）年に開港している。開港二年後の九州鉄道（現ＪＲ九州鹿児島本線）の開通、四年後の日豊本線の開通を受けて、一九一六（大正五）年には、年間の外国貿易の出入港船舶数において全国一の大港湾へと発展している［北九州市, 1996］。そしてさらに、鉄鋼、石炭を中心とした大工業地帯の積み出し港として、大連、青島、上海等へ定期航路を持つに至った。街には日銀を始めとする大手銀行や商社が軒を連ね、外国船員も多く街を闊歩し、第二次大戦中まではかなりの賑わいを見せていたという。第二次大戦中の一九四四（昭和一九）年から門司港は何度か空襲を受けた。一九四五（昭和二〇）年六月と七月には、街全体に焼夷弾が落とされ、市街は文字通り焼け野原となる［門司区役所まちづくり推進課, 2006］。戦後、中国との定期航路は廃止され、さらに一九五八（昭和三三）年には関門国道トンネル[4]、一九七三（昭和四八）年には関門橋が開通すると、門司港は交通の要衝としての地位を急速に失い、また一九六八（昭和三八）年五市が合併し百万都市北九州市の一部になってからも、市の中心部から離れているがゆえに、さらに発展から取り残され、街は寂れていった。大港湾都市として繁栄していた門司港は、港周辺の都市部と山手に郊外を持っていたが、一九七〇年代頃から、都市部にオフィスを持つ会社が次々に撤退すると、後継ぎのいない商店街はシャッターを下ろし、不便な郊外には若い住み手がいなくなっていった。そして、この地区は現在三〇％を超える高齢化地区を多く抱えるエリアとなっている。特に山手の郊外には、まちの中心部のマンションに引っ越さない（引っ越せない）高齢者が取り残されるという問題も発生している[5]。

3　筆者は門司港地区に居住してはいないが、同地で行われるまちづくり団体等の行事に参加することも多い。
4　関門鉄道トンネルは一九四二（昭和一七）年に開通している。

以上あげたようなまちの衰退が一九八〇年代後半には決定的となり、さらにこの頃には、戦災からかろうじて逃れた洋風の歴史的建造物も崩壊の瀬戸際にあった。この「危機」を救ったのは、「観光まちづくり」の流れであった。まちをイメージアップすることによりアイデンティティ創造と「にぎわい」作りを図る「観光まちづくり」が、日本全国に普及し始めたのはちょうどこの頃である。崩壊寸前の歴史的建造物をどうすべきか悩まされていた北九州市は、一九八八（昭和六三）年自治省が創設した「ふるさとづくり特別対策事業」に、「門司港レトロめぐり・海峡めぐり推進事業」というタイトルで応募し、採択される。

しかし、当初予算規模約四〇億円の三年間の事業でスタートする予定が、市の部局間の縄張り争いで頓挫を余儀なくされる。主に企画局が進めていた、観光のためのイメージ・アップを目的とした「レトロ」事業と、一九七九（昭和五四）年から港湾局が進めていた、老朽化した岸壁や船だまりの整備事業「西海岸ポートルネッサンス二十一計画」とが衝突を起こすことになる。港湾局が船泊りを埋め立て、新しいバイパスを通す予定で工事を進めていたところに、「レトロ事業」が割って入った形になったのである。当時「レトロ事業」の計画は、「『遊び』に使うような金の余裕など現在の北九州市にはない」［北九州市，1996：34］と市の財政当局から批判も受けていたこともあり、さながら「機能」か「イメージ」かといったような対立と受け止められていたようである。しかし、先に進めていた港湾局の事業も実は利便性向上のための機能一辺倒のものではなかった。この当時すでに、先進国のウォーターフロント再開発の流れは港湾整備事業の一つと見なされており[6]、港湾局の「西海岸ポートルネッサンス二十一計画」も、「海洋博物館」、「帆船パーク」、「ホテル・コンプレックスゾーン」等、観光的なものを少なからず取り入れたもので

5　もちろんこれは、門司区だけの問題ではなく、北九州市全体の問題でもあるのだが。こういった「取り残された」地区で高齢者の「生活保護」や「孤独死」等の問題が行政を悩ますことになる。

6　当時の市長が門司港の再開発に注力するようになったのも、ピッツバーグやフィラデルフィアのウォーターフロント開発を視察してからである。視察で「ウォーターに対する考え方が、日本とアメリカでは随分落差があることに気付いた」と市長はインタビューに答えている［北九州市，1996：158］。

あった。対立は事業の思想ではなく、主に事業の「なわばり」をめぐるものであったとも言える。主な対立点であった船泊りの埋め立ても、ウォーターフロント景観を重視する市長の決断で取りやめ、両者は和解し[7]それぞれの計画に他の事業も加え、さらに市独自の事業が合体する形で、「港湾開発」であり「観光開発」でもある「門司港レトロ事業」は予算規模を大きく膨らませて開始された。門司港の景観の設計を、当初米国のコンサルタント会社に依頼したことからも、この当時欧米で進められていた「ウォーターフロント開発」の流れを汲むものであることが分かる（写真4-2、4-3参照）。「なわばり」意識を解消し事業の一体化が図られたことにより、当初三年間で四〇億円を見込んでいた総事業費は六年間で二九五億円へと膨れあがった。[8]

写真 4-2・4-3　上：門司港。下：門司港レトロ地区とよく似た景観を持つ英国リバプールのアルバート・ドック。ここにはショップ，レストランの他にビートルズ博物館，現代美術館，海洋博物館等がある。2000 年の年間の観光客数は約 750 万人。

7　その後も両者の対立は水面下ではあったようだ。

8　予算は、門司港レトロめぐり・海峡めぐり推進事業（自治省）九三億円、大連歴史的建造物建設事業（建設省・自治省）一三億円、西海岸地区港湾整備事業（運輸省）一三〇億円、都市計画道路事業（建設省）四五億円、レトロ業務ビル建設事業（北九州市）一四億円の合計二九五億円である。

「美貌の港」の出現

こうして、山側の住宅地から国道三号線で隔てた、海側の第一船泊を中心とした「観光地門司港レトロ地区」の再開発事業は開始された。一九九三年には跳ね橋ブルーウィング門司が完成したのを皮切りに、一九九四年に旧大阪商船会館が修復、一九九五年には旧門司三井倶楽部が移築され、保存の価値がないと言われ崩壊寸前であった煉瓦造りの旧門司税関もリニューアルされている。また同年には中国大連にあるロシア風建造物(旧東清鉄道事務所)のコピーである友好記念館が新築、完成している。第一期の整備事業が終了し、一九九五(平成七)年にグランド・オープンした門司港レトロ地区は、年間約一二五万人(北九州市経済文化局「北九州市観光動態調査」)の観光客を迎えることになる。門司港レトロ地区開発は、港湾の整備計画と「観光まちづくり」が合体した事業でありながら、その内実は門司港港湾地区全体の「イメージ」化であり、観光施設の建設が中心であった。

集客を目的とした観光地は常に「更新」を求められることは第一章で述べた。観光の本質が〈非日常性〉の追求である以上、〈非日常性〉の「日常化」は、アトラクションの新設等の「更新」でくい止めなくてはならない。第一期事業が終了した後も、門司港レトロ地区はさらに新しい施設の建設を求められた。一九九七(平成九)年からは第二期事業が開始される。さらに六年間に及ぶ第二期事業は、観光物産館の建設(総務省)、高層マンション最上階の展望室の建設(北九州市)、夜間景観整備(総務省)、ホテル建設等民活事業(国交省)、海峡ドラマシップ(県立文化観光施設)建設等、観光施設建設が主であり、総予算二五六億円の規模であった。こうして、海峡プラザ、門司港ホテル、展望台、鉄道記念館、海峡ドラマシップと毎年のように、施設が完成し[9]、門司港地区を訪れた観光客の数は、一九九四年の一三五万人から二〇〇三(平成一五年)年には約二五五万人(北九州市経済文化局「北九州市観光動態

9 二〇〇三(平成一一)年のNHKの大河ドラマ「武蔵」の効果もあった。

調査」）へと倍増していった。ただし、第二期の事業が終了した二〇〇三（平成一五）年以降、入り込み客数は減少する傾向にある（平成一八年には約二三五万人）。

写真 4-4　国道山側の商店街の一つ。閑散としていて，ウィークデーでもシャッターを下ろした店が多い。生々しいリアルな「ノスタルジー」の世界である。

門司港レトロ地区開発が港湾整備事業から発したことは先に述べたが、開発前この地区には住宅はほとんどなかったのである。また、特に戦後一時期には、この地区の半分程度が米軍に接収されていたこともあり、戦後は一部を除いて港湾と関係のない住民が日常的に出向くところでもなかった（釣り場としては、多くの人が出向いていたが）。以上のことから、この地区は行政が大規模に開発するにはちょうどよい場所でもあった。新しく創作された空間は、国道三号線をはさんで存在する寂れた商店街と住宅地の空間とはまったく異質なものとなっていった。地域の住民が冷ややかに言う「小さなハウステンボス」とは、こういった人工的で異質な空間を意味している。地元のこうした意見に配慮し、市は門司港レトロ地区から国道を隔てた商店街へ観光客を誘導すべく、商店街の中央付近に観光案内所を設けたり（現在は廃止されている）、道路の拡張や新設を行ったりしたが、観光客が地元の商店街で食料品や生活用品等を買うわけもなく（業種の転換を図るには、跡継ぎのいない商店主の高齢化が進んでいた）、商店街を歩く観光客は、少しは増えたものの、商店主の意欲はほとんど高まらなかった。[10] すなわち門司港レトロ地区は、新

10　二〇〇〇年と二〇〇五年に 筆者及び同僚の浦野恭平が合同で行った調査による。

たに開発された人工的パノラマ空間（「テーマパーク」ならぬ「テーマゾーン」といってもいいだろう）なのであり、国道を隔てた山側の商店街や住宅街の生活空間とは明らかに異質な「パノラマ」的「観光のまなざし」が組み込まれた――同時に高齢社会の生々しい生活感は排除された――〈ジェントリフィケーション（浄化）〉エリアなのである。このため、たとえ観光客が地元の商店街や住宅街に〈ノスタルジー〉としての「観光のまなざし」を向けてようとしても、そこにはどうしても齟齬が生じてしまうのである。こうして、門司港地区は国道三号線を隔てて海側の〈ノスタルジー〉を演出するパノラマ空間と、山側の寂れた商店街と住宅地の生々しい生活空間とが分裂した、〈ノスタルジー〉の「パラレル・ワールド」が進行する。

「政治」化される観光

こうして振り返ってみると、一九八七年から始まった門司港レトロ地区の「まちの観光化」は、重工業主体の「発展」の夢という〈魔術〉から覚めた後の、新たな〈魔術〉としてなされてきたものである。業種を変えて「発展」の夢をまた見ようとする点においては、リゾート法によって生まれた宮崎シーガイア、ハウステンボス等、九州の他の観光地と同一線上にある。しかし、観光による地域全体の視覚的イメージ・アップとそれによる地域全体の活性化をねらったものと、ビジネスの一環として観光施設を立ち上げたものでは――たとえ後者が地域全体の雇用の創出や活性化をねらったものであったとしても――明らかに異なる。前者は「観光のまなざし」を町全体に広げようとするのに対し、後者においては、「観光のまなざし」はテーマパーク等限定された場所にとどまる。前者は住民の地域アイデンティティづくりも視野に入れているが、後者はそうとは言えない。前者はどちらかというと自治体（あるいは住民）が主体であるが、後者は企業が主体である（第三セクターの場合自治体と企業の比の濃淡があるが）。前者は集客の目的と基準が不明確であるが、後者は明確である。前者は赤字が出ても潰れないが（ただ廃れるだけであるが）、後者は潰れる。一言で言えば、前者は「政治」の要素が強く、後者は「経済」の要素が強い。すなわち、「まちの観光化」とは「政治」の〈魔術〉が「経済」の〈魔術〉に代わったことにより出現したものだと考えられるのである。

この章においては、「政治」（「文化」も含めて広い意味で政治的なもの）の要素が強い「まちの観光化」——特に一九九〇年以降行政が一つの政治手法として使った、行政主導のもの——が、情報消費社会化のなかでどのような文化的、あるいは政治的意味を持っているのか考察することを目指している。特に、ここでは、質問紙調査の結果から、行政主体の「まちの観光化」が観光地住民の意識にどのようなインパクトをもたらすのか考え、それをとおして、住民が自分たちの表現をどのように手に入れたらよいのかを考える理論的戦略を構築することが目的である。

写真 4-5　関門海峡，関門橋右手前が下関市長府地区，関門橋の左上が門司港レトロ地区。

質問紙調査とその結果

（一）調査の概要

この調査は、筆者が兼任所員として所属している北九州市立大学産業社会研究所（現都市政策研究所）と下関市立大学産業文化研究所の共同研究「まちづくり関門地域連携—住民アンケート調査」として行ったものであり、観光のみがテーマの調査ではない。以下の調査結果は、そのなかから観光に関する部分のみを抽出して提示し、観光に対する門司港地区住民の意識について分析する（同時に行った下関市長府地区のデータも比較のために用いる）[11]。

調査方法は郵送法であり、調査期間は二〇〇六年二月一〇日から二〇日であった。調査対象は北九州市門司港地区の八〇歳未満の有権者とした。選挙人名簿から系統抽出法でサンプリングし六〇一のサンプルを得た。有効回収数は二八〇サンプルであり、回収率四六・六%であった。[12]

（二）門司港地区における今日までの観光開発の評価

前述したように、門司港レトロ地区は一九九〇代に入ってから本格的な観光地化に向けた整備が始まったのであり、現在グランドオープンから一二年が経っている。今までの観光のための歴史的建造物等[13]の保護や保全や道路整備

11　門司港における調査データと比較する意味で下関市長府地区における調査データを用いるので、下関市長府地区の観光について概説しておく。

　この地区の観光資源は主に幕末の武家屋敷及び寺院等である。観光「開発」は、門司港より少し遅れ、幕末の長州藩リーダー西運長の屋敷跡で、長く大洋漁業のオーナーであった中部氏所有の長府庭園を一九九〇年に下関市が買い上げ、一九九三年に開園したのが始まりである。一九九六年に下関市は長府地区を「町なみ環境整備促進区域」とし、古いまちなみに同化するような建築基準を満たす建物の新築、改築に助成を行うようになった。一時は荒れ放題であった長府毛利邸も一九九八年には改装され、観光客に開放されるようになった。一九九七年に放映されたＮＨＫの大河ドラマ「毛利元就」、二〇〇三年の同大河ドラマ「武蔵」の効果もあり、観光客は微増であるが増えている。

　一九九〇年代から二〇〇〇年代にかけて観光政策を重視する行政の後押しにより、まちなみの整備を行い、さらにテレビの大河ドラマや観光番組の特集で観光資源が紹介され、多くは近隣からではあるが、「観光客」のまなざしを受けるようになった点においては、関門両地区とも共通点が多い。しかし、門司港地区の観光は、国道三号線から海側の人家が少なかった地域に限定されたものであるのに対し、長府地区の観光は、住宅地の中に点在する歴史的建造物を中心としたものである。また、門司港地区が明治末期から大陸とつながる貿易港として賑わってきた「下町」であるのに対し、長府地区は一九三七年に下関市に編入されて以来、下関市の郊外住宅地であった場所であり、当然「まち」に対するイメージは異なる。

12　下関市長府地区の調査も同じ時期に同じ方法で行った。この地区に関してはサンプル数六〇〇から三二三の有効サンプルを得た。回収率は五三・八%である。

13　長府地区には江戸から明治にかけてのゆかりの歴史的建造物がいくつか点在するが、一九四七年の大火により町屋が多くあった地域が焼け、土塀は残るものの武家屋敷の多くは建て替えられて残っていないのが現実であり、現在ある土塀の多くは近年人工的に作られたものである。

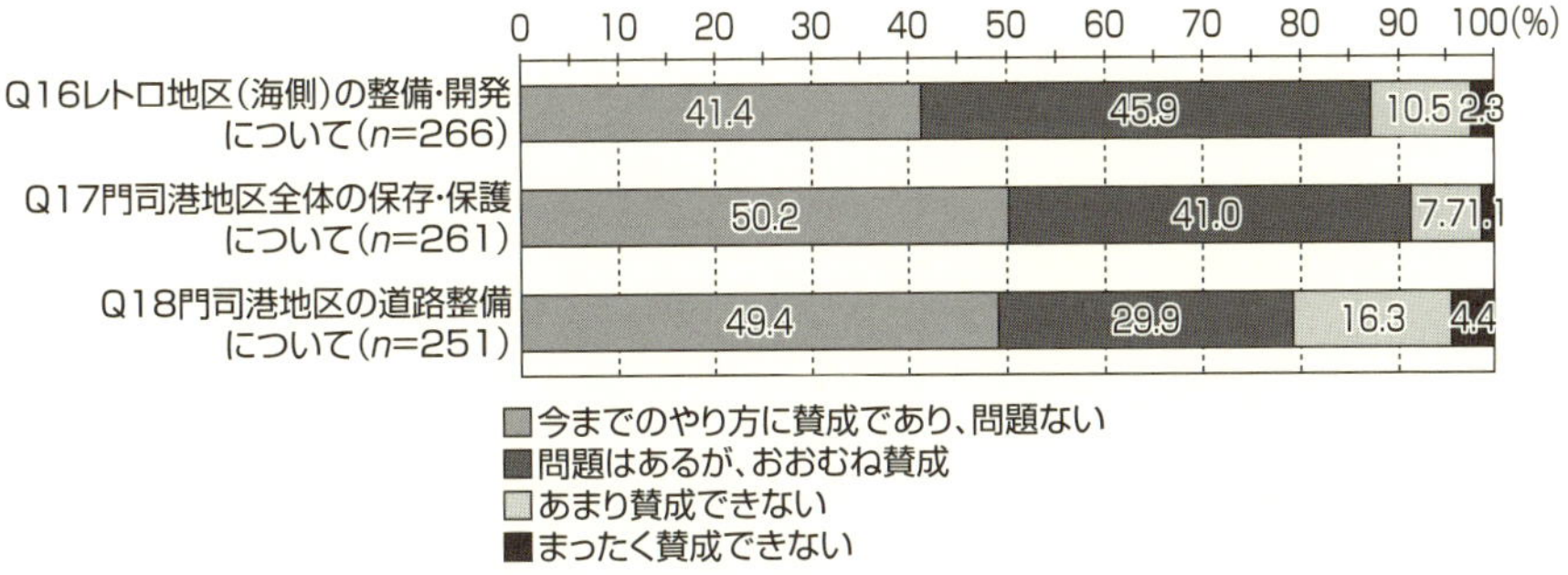

図 4-1　門司港地区：観光施設の整備について評価

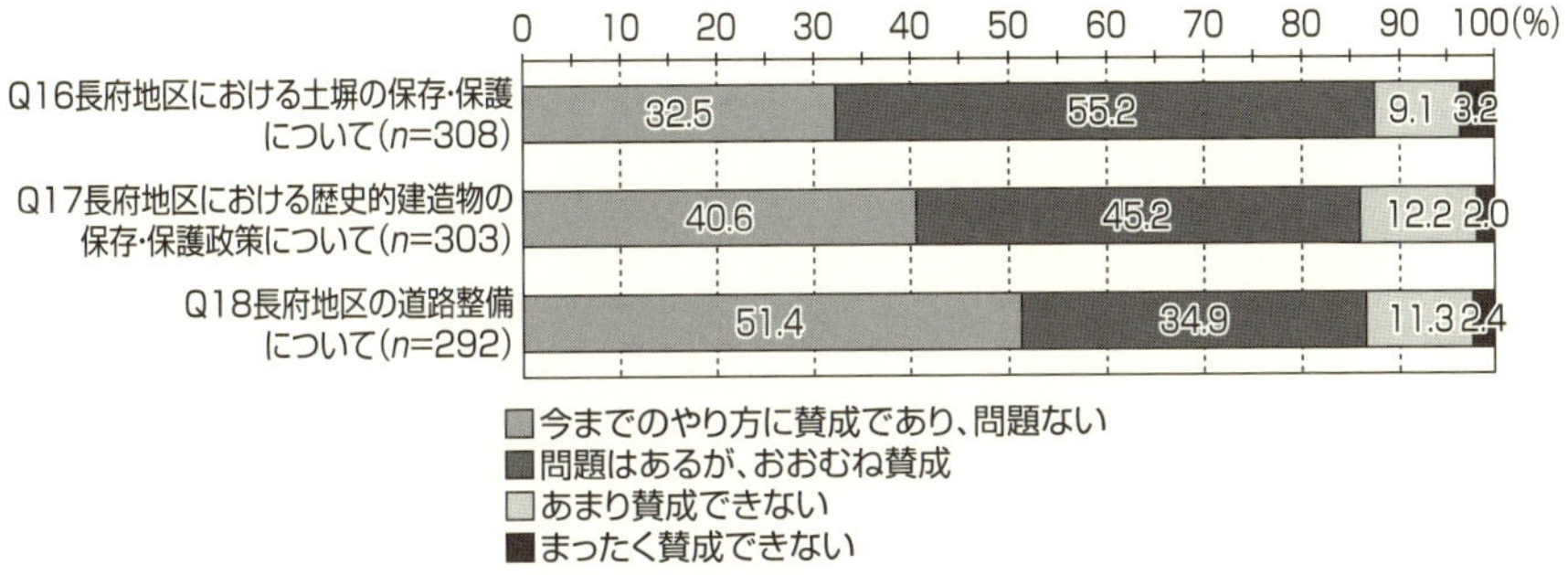

図 4-2　長府地区：観光施設の整備について評価[13]

を含めた観光施設の整備について、その評価を住民に聞いてみた。

図4-1から分かるように、観光施設の整備については、おおむね住民の評価はよい。住民はハードの「まちづくり」である都市計画的側面に対しては、生活の利便性につながることから、よい評価を与えていると思われる（クロス集計のデータは、グラフを見やすくするため、「不明・非該当」のサンプルを除いた数値を示した）。

しかし、門司港レトロ地区の整備、開発にする問題点についての自由回答（「問題はない」と答えた人以外に対する限定質問）には、全体の約四〇%の一一三サンプルの回答があり、そのなかには観光化に対する批判も多い。最も多いのは、観光開発がレトロ地区に限定されており、他の地域（特に三号線より山側商店街住宅地）の活性化につながらないというものであった（四一サンプルがそれに該当するものであった）。

例1：商店街がかやの外で年々さびれている。

レトロ地区ばかり発展してもここでくらすものと

しては二極化が残念であり、心配だ。（四〇歳代　女性）

例2：地元の商店や今までにぎわっていた場所がさびれて、結果として今までの地元の人たちには、今のレトロ地区など全く役に立っていない。今後は観光を考えるなら、地元を活性化するように考えるべきだ。（五〇歳代　男性）

次に多いのがどんな観光地を目指しているのかビジョンが見えないことの批判、中途半端な開発の批判等、観光開発の方向性を批判するものであった（提案もある）（二六サンプルがこれに該当した）。

例3：観光地としての独自性、魅力に欠ける（単なる土産物屋か?）。歴史的建築物の定義もよく分からない（レトロって何?）。（三〇歳代　女性）

例4：明治屋の解体、大分銀行の解体決定。ビジョンが見えてこない。門司区、せめて門司港に住んでいる人に今後一〇年間どんな構想で進めているのか、意見の吸収などがあってもよいのでは？（三〇歳代　女性）

例5：新しい開発が先に立ち、古くて良いものが生かされていない。おみやげも観光用の新しいものが目立ち、昔からの地元のお菓子などは目立たない。（二〇歳代　女性）

例6：中途半端で観光客のリピーターが期待できない。（三〇歳代　女性）

また、観光化に伴う住環境の悪化を指摘するものも多かった（一七サンプルがこれに該当した）

例7：レトロ地区に車を入れないようにしているため、大型車が、病院・住宅地横の道路を通るので、騒音で困っている病人や、住民の方がたくさんいる。（五〇歳代　女性）

例8：違法駐車、渋滞等で地元住民には迷惑以外の何ものでもない。（三〇歳代　男性）

観光開発が破綻してからは、ゴルフ場建設やリゾートマンション建設などの大型の観光開発の熱は急速に冷めたものの、まちの活性化を目的とした観光地化（まちのイメージ化）は地方の中小の都市を中心にむしろ進んだ。門司港地区も、こうした全国的な流れの中で観光地化（イメージ化）が進んだ場所である（下関市長府地区も同様である）。このことが、地域住民にもたらした効果は、経済的なもの、政治的なもの、文化的なもの、と様々なものが考えられる。これらの効果について、住民たちがどのように考えているのか、次に見てみよう（比較のために下に下関長府地区のデータを載せた）。

写真 4-6　下関市長府地区，旧武家屋敷の土塀の保護が問題となっている。

まず経済効果があったかどうかについては、「あまりそう思わない」「まったくそう思わない」というものが約半分を占めた（図4-4、図4-5）。特に商店街が観光エリアと離れている長府地区については冷めた見方が多いことが分かる（図4-5）。

次に、観光が地域のイメージアップにつながったかどうかの評価に関しては、訪問客数も多く、テレビや雑誌等のメディアにさらされることが比較的多い門司港において、イメージアップになったという回答が多く、一方、比較のために挙げた長府地区の住民の半分程度は観光によるまちのイメージアップ効果に否定的であった（図4-4、図4-5）。しかし、総じて両地区とも、観光によるまちのイメージアップの効果は経済効果よりも高く評価されている。

では、観光によるまちのイメージアップが、住民のプライド増進に結びついていったのであろうか。図4-4と図4-5を比較して見てみると、半数近くが観光によるプライド増進効果を認めているものの、まちのイメージアップ効果に比べて、住民のプライド増進効果の方は

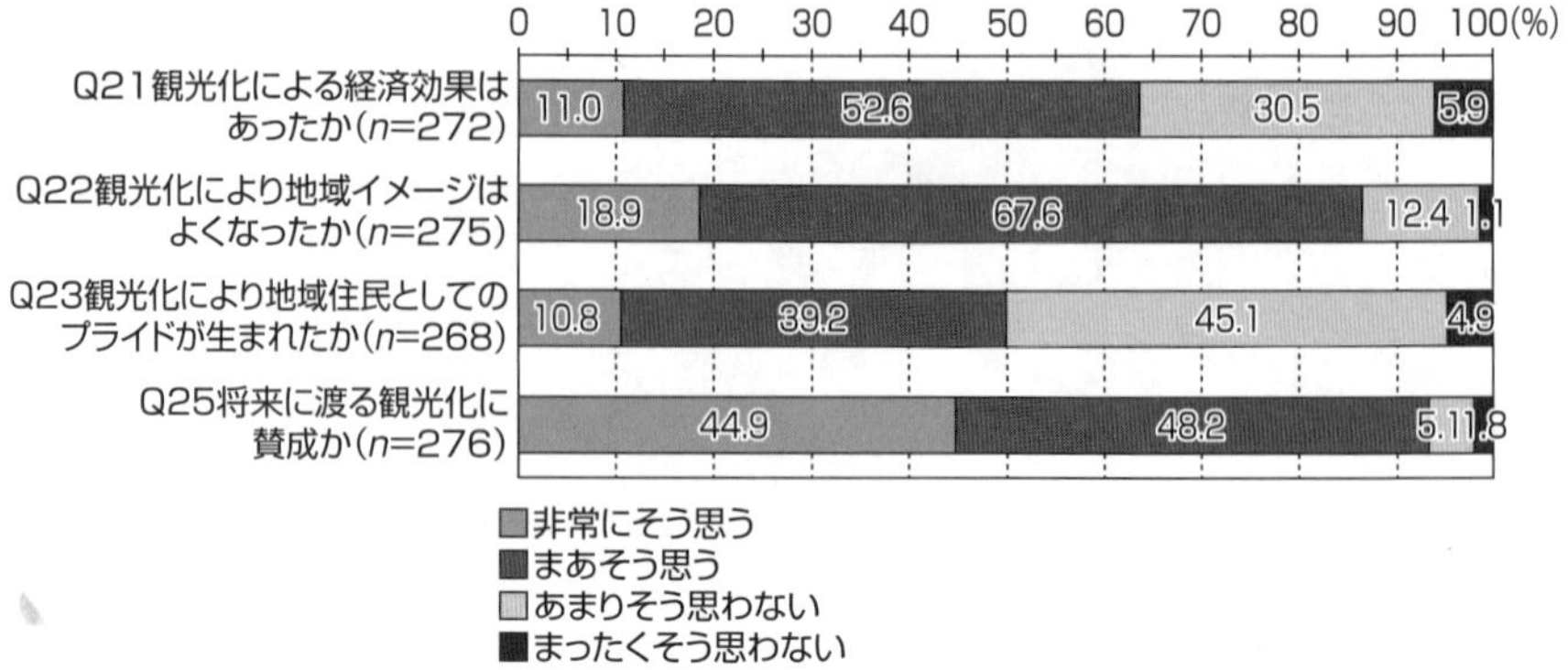

図 4-4　門司港地区：観光化が地域にもたらした効果

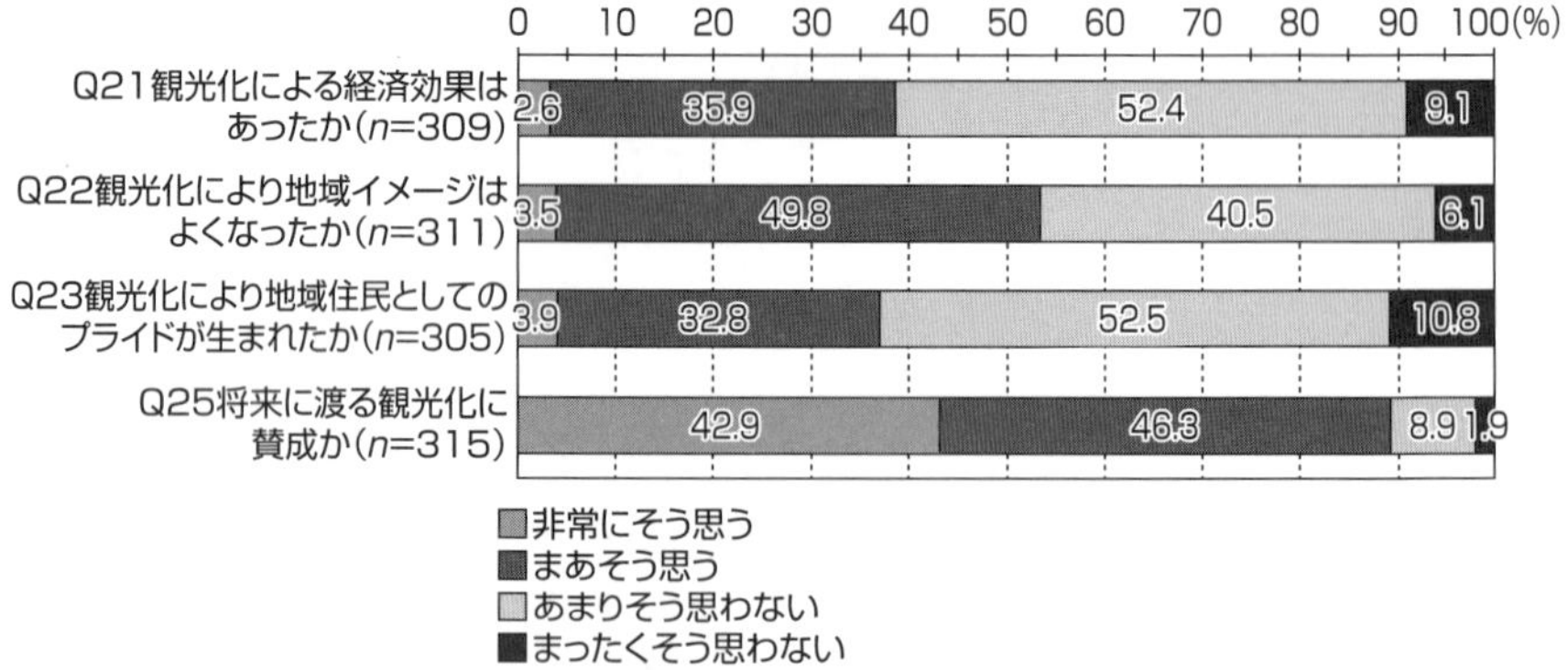

図 4-5　長府地区：観光化が地域にもたらした効果

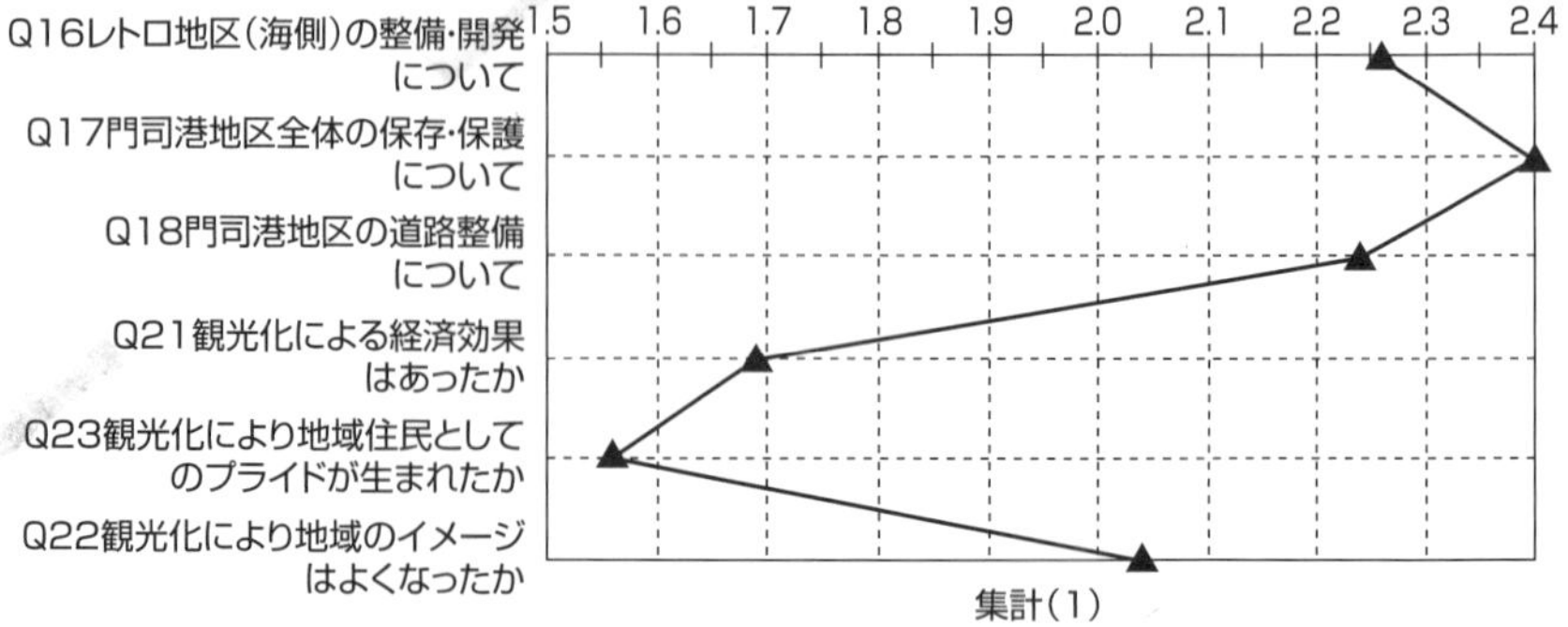

門司港の観光化に対する地元住民の評価（3 点満点，右に行くほど良い）

図 4-6　門司地区の観光評価平均点

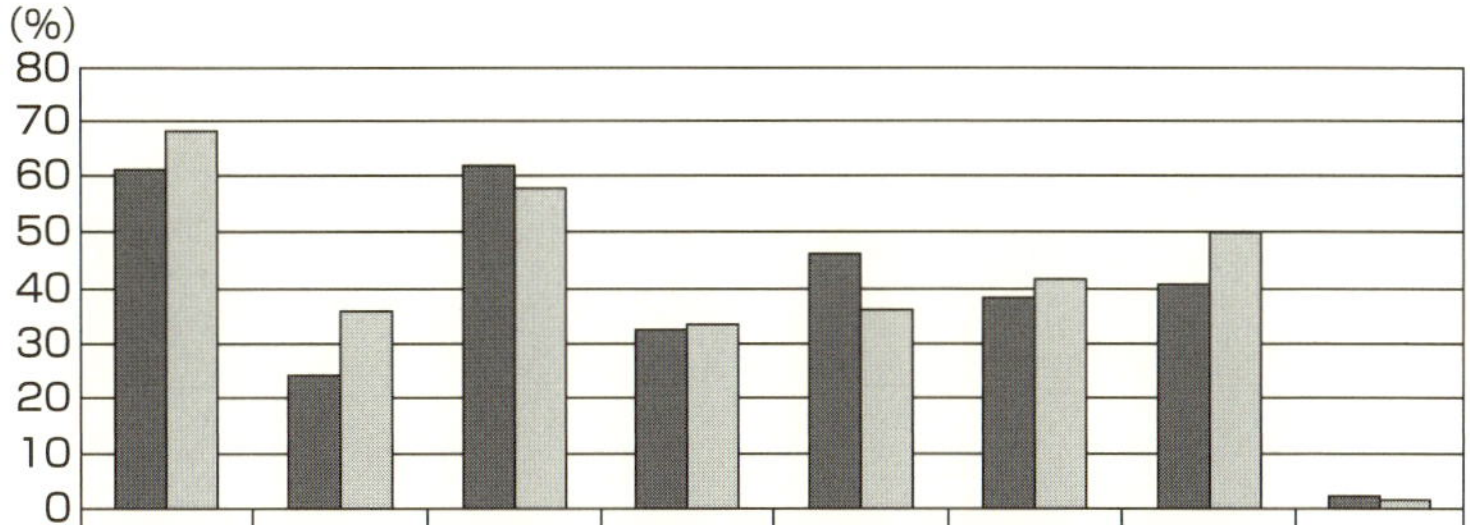

	にぎやかになる	よその人々と交流できる	地元商店の振興になる	地元の特産物の売り上げが伸びる	住民が自分のまちのことを考えるきっかけになる	道路や公共施設の整備が重点的に行われる	まちの名前が全国に知られるようになる	その他
下関市長府地区	60.9	24.3	62.0	32.4	46.1	38.4	40.8	2.5
北九州市門司港地区	68.3	35.7	58.3	33.3	36.1	41.7	50.4	2.0

■下関市長府地区　□北九州市門司港地区

複数回答（それぞれの地域の回答数に対する％で表示）　長府 $n=284$　門司港 $n=252$

図 4-7　観光化に賛成の理由

評価が低いことが分かる。特に長府地区は否定的な回答が多い。

こうした個々の効果に対する評価が、観光化が進むことに対するトータルな評価とどうつながっているのだろうか。両地区住民はまちの観光化について、総体としては肯定的な回答が多い（図4-4・図4-5）。

次に示す、門司港地区調査における各項目の平均点の比較からも、歴史的遺産の保存や保護、道路の整備等は高く評価されており、観光による具体的な活性化の評価に関してはあまり肯定的でないものの、総じてまちの観光化に対して、住民は肯定的であることが分かる（図4-6）。

（五）まちづくりに対する、観光化のポジティブな側面とネガティブな側面

以上、アンケートの結果から考察するに、住民は総じてまちの観光化に肯定的でありながら、具体的なことに対しては批判的であることが分かるのであるが（総論賛成、各論反対といったところか）、このことに関して、もう少し深く分析してみよう。

図4-7は、まちの観光化に「賛成」「どちらかというと賛成」と答えた住民に対する限定質問の自由回答（「賛成」の理由）である。ここから分かることは、観光化に賛成の住民が、「にぎやかになる」「地元商店街の振興になる」（経済効果には否定的でありながら）

等、観光化を漠然としたまちの活性化に結びつけていることである。

一方、まちの観光化に対して「どちらかと言えば反対」「反対」の理由は何であろうか。ここでは、自由回答においてあげられていた生活圏に観光客が入り込むことによって起こる諸問題が、再び浮かび上がる結果となった（図4-8）。

一九九〇年以降「まちの観光化」を進めた地域は、行政が主体となって開発が進められた所が多いため、「観光まちづくり」への住民の参加意識が低いことが予想される。門司港、長府両地域に「観光への中心を担うべきは誰か」と聞いたところ、やはり市役所や観光（コンベンション）協会という回答が多く、住民やボランティアやＮＰＯという回答は極めて少なかった（図4-9）。

また、この両地区とも実際の生活のなかで住民がほとんど観光にかかわっていないことも、そのことの原因となっている。観光にかかわる仕事をしている者は両者ともわずかに二・六％に過ぎず、「贈り物に地元の特産品を使う」や「自己紹介の時に地元の観光の話をする」といったような、主に主観的かかわりを持っているに過ぎない（図4-10）。このようなことから、住民が「まちの観光化」に求めるのは、差し迫った「経済的」理由からではなく、「美的なもの」や「にぎわい」や「地元アイデンティティ」といったより「イメージ」に関するものであることが分かる。

調査結果のまとめ

今回の質問紙調査に先立って、門司港と長府の両地区で行ったインタビュー調査では、「まちの観光化」に対して住民たちが漠然とは賛成するものの、具体的なこととなると批判することが多かった。この質問紙調査において、そのことが裏付けられる結果となった。

観光化とは都市（農村）の視覚的な「イメージ化」のことである。イメージにおいて、住民は観光化に賛成するものの、視覚的イメージとは関係のない身近な生活に具体的にもたらされるものに対しては批判も多い。「まちの観光

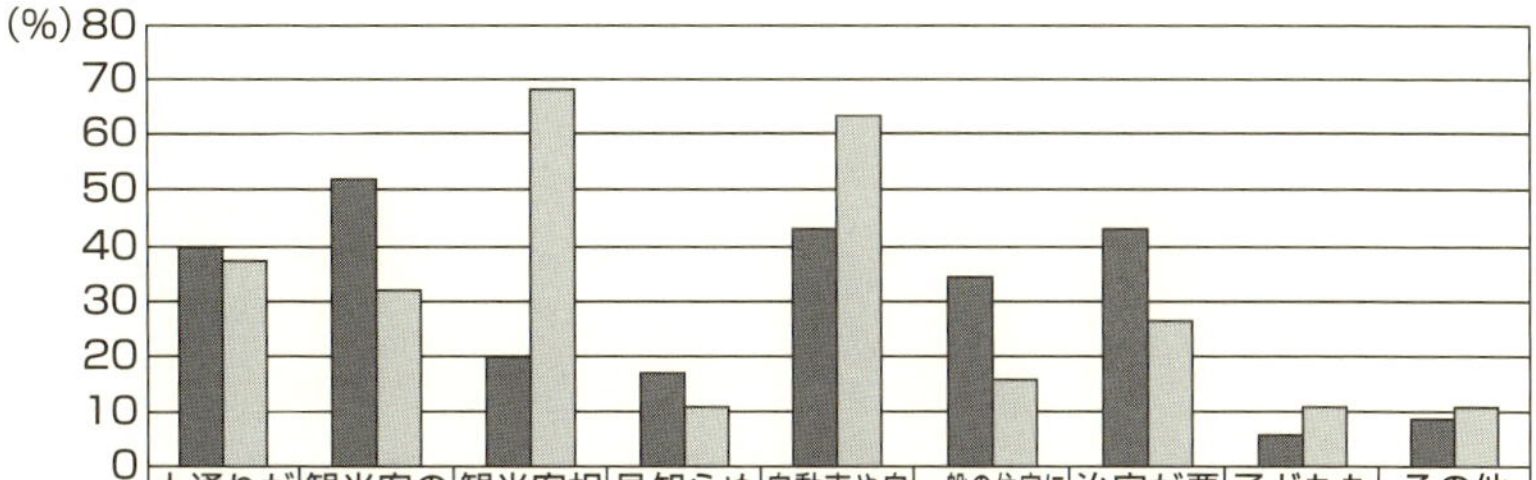

	人通りが増え，騒音が増す	観光客の残すゴミでまちが汚れる	観光客相手の店が増え，街並みが損なわれる	見知らぬ人がまちを行き来するのでいや	自動車や自転車の乗り入れが増え，交通問題が起こる	一般の住宅にまで,「まちなみ保護条例」などの規制がかけられ不自由	治安が悪化する	子どもたちに悪影響がある	その他
下関市長府地区	40.0	51.4	20.0	17.1	42.9	34.3	42.9	5.7	8.6
北九州市門司港地区	36.8	31.6	68.4	10.5	63.2	15.8	26.3	10.5	10.5

■下関市長府地区　□北九州市門司港地区

複数回答（それぞれの地域の回答数に対する％で表示）　長府 $n=35$　門司港 $n=19$

図 4-8　観光化に対する反対の理由

上段：度数 下段：%		Q26　観光の中心を担うべきは誰か								
		合　計	市役所	企　業	商　工 会議所	観光（コベンション）協会	NPO	ボランティア	住　民	その他
Q34_6 現住所	合　計	562 100.0	175 31.1	25 4.4	53 9.4	220 39.1	7 1.2	5 0.9	74 13.2	3 0.5
	長府地区	308 100.0	93 30.2	10 3.2	20 6.5	133 43.2	3 1.0	4 1.3	43 14.0	2 0.6
	門司港地区	254 100.0	82 32.3	15 5.9	33 13.0	87 34.3	4 1.6	1 0.4	31 12.2	1 0.4

単数回答（上が実数，下が％で表示）

図 4-9　地域住民の観光への関わり（観光を担うべきはだれか）

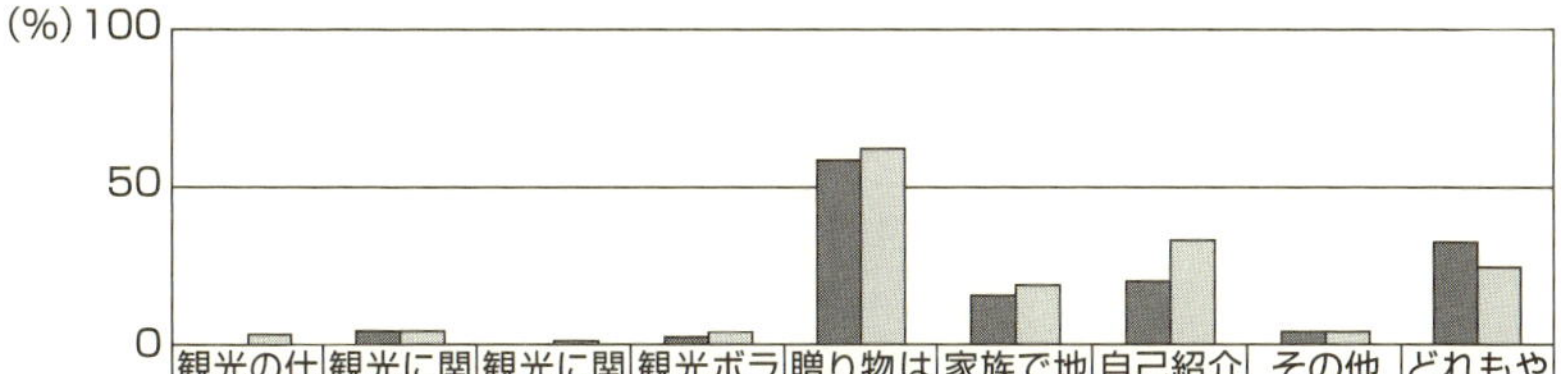

	観光の仕事をしている	観光に関係の深い仕事をしている	観光に関するNPOに参加	観光ボランティアに参加	贈り物は地元の特産品	家族で地元の観光を話題	自己紹介時に地元の観光の話	その他	どれもやっていない
下関市長府地区	0.0	2.6	0.0	0.7	57.9	14.6	20.2	2.3	32.1
北九州市門司港地区	1.1	2.6	0.4	1.9	61.4	18.4	32.6	1.9	24.3

■下関市長府地区　□北九州市門司港地区

複数回答（それぞれの地域の回答数に対する％で表示）　長府 $n=302$　門司港 $n=267$

図 4-10　地元の観光への関与

化」がもたらす効果は、経済的にも文化的にもはっきりとした形であらわれることは少ない。観光の明るいイメージとは裏腹に、生活の領域においては、許容範囲内ではあったとしても、不満がうっ積するということもしばしば起こりうる。不満は、観光客が増え続けて「発展」の夢が醸成されている時にはあまり表に噴出しないが、観光客が増えないか、あるいは減りだした時には露わな形となって表に姿を現す。観光がイメージで成り立っているだけに、イメージが損なわれたときには、「魔法」が醒め「現実」が顔を出しやすい［須藤, 2006］。

観光客が増加しているときには、具体的な効果を認識しなくても、全体としては「まちの観光化」に地元住民は賛成する。観光に人々は、〈非日常性〉や〈他者性〉を、あるいは、それをとおしたまちの「活性化」を期待する。〈非日常性〉をもたらす聖なる〈場所性〉の復興を望むのは、観光客だけではない。観光地の住民もその「効用」に期待する。観光が政治的（まさにマツリゴト的）意図を持って政策に使われるのも——特に、住民に「夢」をもたらすような政策が他にない場合——以上のような理由からであろう。しかし、人工的な〈再魔術化〉の効果によって観光客をリピーターとして引きつけるには、「イメージ」の更新や管理に向けて多大な努力が払われなくてはならないことは、数々のテーマパークの失敗例を見れば明らかである。ましてや、地元住民にとって「日常」でもある観光地が、〈聖なる〉地であり続けることはたやすいことではない。ある時に観光は、住民に分裂と葛藤をもたらす。

イラダチ指標と「観光のまなざし」の非対称性

観光地の住民の「期待」と「失望」のサイクル、あるいは観光化につきまとう地元住民の疎外感について引き合いに出される指標に、ドキシー（G. Doxey）のいらだち指標（irridex）がある［Doxey, 1975］。それを、要約すれば、観光地の住民意識は、開発を歓迎する時期（stage1）である「幸福期 euphoria」から、観光客の姿があたりまえになり、関係が形式的になる時期（stage2）の「無感動期 apathy」へと向かう。さらに、観光開発が飽和点に達し、住民が観光業者の侵入にいらだっているにもかかわらず、行政が観光に制限を設けず、観光インフラをより導入しようとする時期（stage3）の「いらだち期 annoyance」を経て、最終的には、いらだちがあからさまに口にされ、外から来る観光客や業者が問題の原因だと認識される時期（stage4）である「反感期 antagonism」へと至るというものである。この指標から言えば、門司港地区住民の観光化に対する意識は、stage2 を経て stage3 に差しかかっていると思われる（一部の意識は stage4 まで到達している）。

George V, Doxey の irridex（「いらだち指標」）

・1　Stage One　Euphoria（幸福感）─開発を歓迎する時期
・2　Stage Two　Apathy（無感動）─観光客の姿があたりまえになり，関係が形式的（formal）になる時期
・3　Stage Three　Annoyance（いらだち）─飽和点に達する観光開発。住民は観光業者の侵入にいらだっているのに，行政が観光に制限を設けず，観光インフラをより導入しようとする時期
・4　Stage Four　Antagonism（反感）─いらだちがあからさまに口にされる。外から来る観光客や業者が問題の原因だと認識される時期

図 4-11　観光地住民の意識変容パターン［Doxey,1975］

ドキシーの「いらだち指標」を「観光のまなざし」の非対称性の視点から読み解いてみよう。第二章において、「首長族」という極端な例から説明したように、観光地住民の「表現」が消費の客体へと墜ちてゆく背景には、産業化された（あるいは政治化された）「観光のまなざし」が持っている、観光客と観光地住民とまなざしの力の非対称性がある。権力配分の偏在に起因する、弱者の「見られる客体」の問題──弱者の「見せもの化」と弱者による「見る」強者の視線の内面化等──問題はジェンダー論が扱っている男性と女性の非対称性にも似た構造を持つ。もちろん、観光の場合、非対称性は、力の差の問題よりも、立場の違い──例えば、現実的生活者とイメージ消費者──によるものの方が多いと思われるが[14]、基本的な構造は変わらない。観光においてこれは、観光客と観光業者が「観光のまなざし」を観光地や観光地住民に対して押しつけることにより、観光地住民が自らそのラベリングの罠にはまりこんでゆく構造である。観光社会学、観光人類学において、このことはステレオタイプ・イメージの弊害として、数多く指摘されてきた［Desmond, 1999, 橋本 ,1999 , Nash,1989］。ここまで議論してきたように、われわれは、産業化された（政治化された）近代観光が持っている基本

14　先進国から発展途上国への観光の場合は力の差が問題となる。

的原理に立ち返って、このことを反省的にとらえ直す必要があるのではないだろうか。

生きられたリアリティへ

産業として、あるいは政策として観光が地域にもたらされたときに、生活の場所としての「生きられたリアリティ」は、観光が作り出す「人工的リアリティ」によって塗り替えられ、観光地住民はその「人工的リアリティ」を生きることを強いられる。第一章において筆者は、観光客と観光地地元住民の相互作用のなかで、地元住民の意識は観光客の意識が転移したものとなると述べた。しかし、欲望の転移現象が存在できるのは、主に観光地の発展過程においてであり、それ以降ではない。観光地化の端緒においては、観光客の数が増えるなかで、経済的富を獲得する意味においても、また有名になりつつある観光地に住む誇りを持つ意味においても、強大になりつつある観光客のリアリティを、地元住民が受け入れるに足る理由が存在するからである。しかし、観光地の発展がピークアウトしたときにはその限りではない。観光地住民にとって、人工的「イメージ」は押しつけられたもので、地元住民の表現ではないことがあからさまになる。実際にはstage2, stage3周辺で、主に行政を中心に対策を余儀なくされ、地元の一部住民の表現活動も奨励されるようになる。しかし、「観光のまなざし」のなかでは、地元住民の表現活動も「まなざし」の「客体」であるという性格は変わらない。この段階においても、産業化された（あるいは「政治化」された）近代観光においては、住民による地域文化の表現行為は、奨励されつつ、観光客に「見られる」客体として、すなわち消費対象として、あるいは政治の「業績」として、「利用」され消耗してゆく。

生活者とは別の枠組みで行為する観光客に対して、生活者である地元住民が、ラベリングの罠にはまりこまずに、地域文化の自由な表現活動を保証され、かつ観光客に受け入れられるようになるには、どのような条件が必要なのであろうか。第一章でも述べたように、それは、〈他者〉の受け入れとそれによる「自己変容」の受け入れとでも言うべき「ホスピタリティの原理」――「サービス産業」の手段、政治の「手段」としての〈ホスピタリティ〉とは明確に区別された原理――が発動する条件でもある。ここで問われてくるのは、伝統的なものも、新しく作ったものも含めて自らの地域文化を、「見られる客体」としてのみ位置づけるのではなく、観光客との相互作用のなかで「自己変容」、あるいは「自己表現」する開かれた主体としていかに位置づけるかである。イメージ「疎外」の陥穽につかまらないためにも、消費の対象や「イメージ政治」の対象としての近代観光の原理を乗り越える方策が問われている。現代の観光はいかなるものでも消費の対象として客体化してしまうという特徴を持っている。そういった矛盾を抱えつつも、地域の連帯と再生のために、門司港の「観光まちづくり」にできることは何か。最後にその理念的な図式を簡単に示してみたい。

おわりに――つながりの再生に向けて

門司港地区の観光も、現代の他の観光地と同様、リピーター観光客なしには成立しない。[15] 大企業がかかわっている観光地（東京ディズニーリゾート、軽井沢、あるいは同じような港湾を持つ横浜みなとみらい地区等）なら、リピーターを引きつける新機軸の継続的更新は、企業の投資の力をもってなんとか続けることができよう。門司港レトロ地区のような大企業のバックアップを期待できない地方の観光地においては、行政が導入するハコモノ投資に頼りがちになる。しかし、それはいつまでも続くわけではない。観光投資がそのまま地域の再生につながるわけではないこと、時にそれが地方財政に打撃を与えることは、夕張ばかりでなく、負担の大きい観光施設を抱える（あるいは、破綻させてしまった、あるいは手放してしまった）九州の数々の都市を見れば明らかである。これからの「まちの観光化」は、「観光のまなざし」が作り上げる展示的な「客体で」あることを超えた、地元住民自身による表現活動としての「まちづくり」に期待する他に道はない。

15　毎年やっているわれわれ独自の調査では、門司港レトロ地区を訪れる観光客のほとんどがリピーターである。

住民の主体的なかかわりを条件としてではあるが、観光は「まちづくり」に貢献する可能性をまだまだ持っている。門司港レトロ地区の観光化が地元住民に与える恩恵として最も期待できることは、地域の集合的記憶の発掘と保存をとおして生まれてくる地元住民の集合的アイデンティティの創造と連帯の形成である。高齢化率が三〇％を超え、さらに郊外から高齢者が町の中心部のマンションに引っ越してくるようなこの地区に最も必要なのは、住民が主体的に地域文化を表現する、開かれた実践活動をとおして得られる「つながり」なのである。

先に述べたように、今回の調査、あるいは現在まで重ねてきたインタビュー調査から分かったことは、これまで行政主導で表現しようとしてきた人工的「レトロ」が表す消費的イメージが、住民が生活のなかで愛着を持ってきた門司港のイメージと乖離していることである。元来、門司港には現在の第一船泊地区に展示されている洋風建築ばかりでなく、国道三号線より山側に、洋風建築よりも量的にはるかに多く和風建築が存在した[16]。住民が愛着を持っている集合的記憶のなかにはこのような和風建築も含まれ、また明治末期から昭和初期にかけての建築物のみならず、戦災以降建造された比較的新しい「レトロ」建築物も含まれる。このような住民の集合的記憶を表現できるような仕組みと組織作りが、門司港地区では今模索されている。例えば現在、昭和初期の和風建築である料亭の「三宜楼」の保存運動が住民主体で繰り広げられ、このことを契機とした住民の組織作りも進んでいる（写真4-8）。「つながり」に資する観光表現活動となるためには、このような個別の運動が息の長い一つの「社会運動」へとつながってゆく必要がある。

以上のような、地域住民の「集合的な記憶」の表現運動が教えてくれるものは何か。観光地住民の「表現」が観光消費や「イメージ政治」の客体へと墜ちてゆくことから逃れ、自前の「表現」のなかから自らの地域「アイデンティ

16 前述したように、門司港は戦災で壊滅的打撃を受けたため、残存している洋風の歴史的建築物の数はそれほど多いものではなく、現在公開されているものは六棟、公開されていないものを含めても全体で二〇棟程である。歴史的建造物が全体で六〇棟の神戸、六五棟小樽に比べて少ない（だからこそ、門司港レトロ地区は「人工的」にならざるを得ないのであるが）。

ティ」を獲得するためには、地元住民が「観光のまなざし」に屈服するのではなく、地域の文化に対する自らの主体的表現力が必要だということである。もちろんそれは、他者の「まなざし」が不要だということではない。「観客」のまなざしがなければ、「見る—見られる」関係のなかで成立する、開かれた「上演」的関係——「演じる—自己変容する」または「見せる—魅せられる」関係と言ってもいいかもしれない——はありえない。しかしまた、開かれた「上演」的関係は「観光のまなざし」が持つ、一方的で客観的な「まなざし」のなかにおいては存在できないのである。

繰り返すが、重要なことは、非対称性を克服する住民側からの、主体的で相互的な「上演」に向けた表現行為を、自らの力で作り出すことである。観光の「持続可能性」とはそうした努力の上にのみ成立するものであろう。住民の主体的表現が、「観客」の心をとらえたときに、まなざしの対称性が復活し、「ホスピタリティ」の理想へと一歩近づくことになる。

写真 4-7, 4-8　人工的「ノスタルジー」を演出する「海峡ドラマシップ」（上）と，存在自体が生々しい「ノスタルジー」を表現する昭和初期の料亭「三宜楼」（下）

〈参考文献〉

Desmond, Jane C.（1999）. *Staging Tourism*, The University of Chicago Press.

Doxey, G. V.（1975）. *A causation theory of Visitor-Resident Irritants: Methodology and Research inferences*, 6th Annual Conferences Proceedings of the Travel Research Association, San Diego: Sept. 8-11, 195-198.

Nash, D.（1989）. Tourism as a Form of Imperialism, In *Host and Guest: The Anthropology of tourism*, 2nd edition, Smith V. L. Ed. University of Pennsylvania Press.

アーリー、ジョン．（1995 = 2003）．『場所を消費する』．（吉原直樹、他訳） 法政大学出版局．

上野千鶴子．（1998）．『発情装置—エロスのシナリオ』．筑摩書房．

北九州市．（1996）．『海峡の街、門司港レトロ物語』．北九州市．

須藤廣、遠藤英樹．（2005）．『観光社会学—ツーリズム研究の冒険的試み』．明石書店．

須藤廣．（2006）．「『観光化』に対する湯布院住民の解釈フレーム分析」『北九州産業社会研究所紀要第47号』．

門司区役所まちづくり推進課．（2006）．『門司の歴史』．北九州市．

橋本和也．（1999）．『観光人類学の戦略』 世界思想社．

＊本章は、須藤廣（2006）「まちづくり資源としての観光と住民の意識」『関門地域共同研究 Vol.15』関門地域共同研究会 pp.172-182. をベースにし、新たに書き直したものである。

第五章　バックパッカー・ツーリズムのパラドクス

はじめに

第一章で筆者は、観光の〈非日常性〉、〈他者性〉を守るためには、産業化された観光が宿命としている〈非日常性〉の日常化というループから抜け出すしかないと述べた。そして、その一つの道として、産業化された過剰なサービス消費から抜け出す自律的な旅のあり方を示し、その一つの例を理念型としてのバックパッカー・ツーリズム[1]に求めた。しかしながら、同時に確認したように、一九七〇年代から起こった航空機運賃の低価格化と、ガイドブック、テレビ、インターネット等、旅行メディアの発達によって、消費の対象外にあったバックパッカーの諸要素は、次々

1　バックパッカーとはリュック（backpack）を背負って旅をするスタイルから名付けられた名称であるが、一般には航空券のみ出発地の旅行代理店等で購入し、旅先のホテルや交通機関は現地において自分で手配する旅行者（independent tourist）を指す（一般的には国内旅行には使わない）。また、バックパッキング（backpacking）という用語も本来はリュックサックを背負って行う徒歩旅行を指しているが（ブリタニカ百科事典）、一般には上記のように自分で手配する自律した海外旅行一般のことを言う。上記の条件を満たせば、リュックサックを持つ旅行者に限定されないし、長期の旅行者にも限定されない。

写真5-1　世界中のバックパッカーが集合するバンコク・カオサン通り，旅行代理店，インターネットカフェ，ランドリー，クラブディスコ、コンビニ，ファーストフード，日本料理など何でもある。現在のバックパッキングは快適そのもの。

と消費の対象へと組み込まれていったのである。すなわち、バックパッカー・ツーリズムの「真正さ」探しは、消費システムのループから脱しようという志向を持つ一方、その脱消費社志向そのものが、消費のループのなかに組み込まれる傾向にもある。消費社会のなかのバックパッカーの存在はパラドキシカルなものである。この章では、バックパッカー・ツーリズムのもっている多層性とパラドクスについて、前半においてはその歴史を検討しながら、そして後半では主に質問紙調査から得たデータをもとに、論じていきたいと思う。

欧米におけるバックパッカーの歴史

バックパッカーの原点はどこにあるのだろうか。ヨーロッパにおけるその源流は二つ考えられる。一つは、一七、八世紀に近代初期英国の貴族子弟に流行した欧州大陸旅行、グランド・ツアーの習慣が民衆に一般化したという説である。[2] もう一つは、ヨーロッパ中世において貧困層の若者が行っていた職探しのための放浪旅行（tramp）に求める説である [Cohen,2003]。また、それ以前のヨーロッパにおいて、放浪旅行は中世騎士たちの間で行われていた習慣でもあり [本城, 1994：303-309, 飯塚信雄による解説]、歴史の中で身分によって形の違いはあるにせよ、恐らく上流階級から下流階級まで広く行われていた習慣なのではないだろうか。現在でもヨーロッパにおいては、長期の放浪旅行が大人になるための「通過儀礼」として受け入れられてきており、歴史文化的な文脈のなかでは、中世から引き継がれている放浪旅行の諸形態が、現在のバックパッカー・ツーリズムの原点として位置づけられるのである。
しかしながら、細々と各地方に引き継がれていった習慣としてではなく、大規模な観光現象として見たときに、バックパッカー・ツーリズムの原点はヒッピー（drifter）の放浪旅行にあると考えるのが妥当であろう［Cohen, 2003］。彼らの旅（drifting）は、六〇年代欧米における社会のシステム化に対する反発や疎外感から実践されたものであり、それに代わる開かれた自由な体験を崇高なものとする、〈実存的〉な生き方を求める運動の一つだったのである。[3]
このように、欧米においてバックパッカー・ツーリズムは、中世、近世から引き継がれた〈通過儀礼〉としての伝統的要素を残しているとはいえ、その直接の原点はシステム化された近代社会からの「脱疎外」を志向した六〇年代のヒッピー・ムーブメントにあったのである。しかし現在、欧米においてバックパッキングが、長期のリゾート滞在等と同様、若者に限らず広く実践されている余暇活動の一つとして定着していることも、われわれは見逃してはならない。バンコクのカオサン地区、ホーチミンシティーのファングーラオ地区等、バックパッカーが集合する都会のエリアには、必ず彼ら好みのバーやクラブが軒を並べ、タイのパーイ、ラオスのバンビエン等自然が豊かなエリアではラフティング、チュービングやカヤックを楽しむ欧米系の若者の声が響きわたる。欧米人にとって、バックパッカー・ツーリズムは、既存の価値観に対抗するヒッピー文化の名残がまったくなくなっているわけではないものの、現在では文化消費（アジア旅行ではオリエンタリズム消費）、ライフスタイル消費の一つなのである。

2　英国の貴族は子弟を国際的に通用するジェントルマンに仕立て上げようと、一、二年から五、六年かけて、家庭教師、召使い付きで遊学旅行させることが広く行われた［本城, 1994：15-17］。この習慣は貴族の子弟が貴族として通用するようにするための学びの場でもあり、大人になるための「通過儀礼」でもあった。この貴族の子弟の放蕩旅行とバックパッカー・ツーリズムの貧乏旅行との落差はあまりにも大きいのであるが、長期の旅が一つの「通過儀礼」として受け入れられていたという点においては共通点がある。実際、グランド・ツアーのまねごとは一八世紀後半には、一般の若者にまで広まっており、たとえそれが「貧乏旅行」であっても、むしろそうであればこそ、人間的成長のための「通過儀礼」として民衆の間に受け入れられていったと考えられる［本城, 1994：294-296］。
3　コーエンは、バックパッカーのモデルは drifter にあり、また drifter のモデルは tramp にあると言う。

日本の国内バックパッカー

日本においてバックパッカー・ツーリズムはいかに始まり、いかに実践されてきたのであろうか。通過儀礼としての旅の習慣であるとすれば、伊勢参り等巡礼旅にその起源を求めることもできるかも知れない。あるいは、独力で

写真 5-2　ホーチミン・シティー・デタム通りにある旅行代理店シン・カフェ，ここからベトナム各地へ，あるいはカンボジアへ長距離バスが出る。バックパッカーにとっても，ベトナムでの旅の手配に「苦労」はいらない。

写真 5-3　ラオス・バンビエンでチュービングを楽しむ欧米人バックパッカー。これはもうレジャーそのものである。

行く一人旅（あるいは少人数の旅）という習慣としては、芭蕉や山頭火のような文人の旅に当てはめ、その心情の起源を推測することもできよう。しかしながら、現在のバックパッカー・ツーリズムに直接つながる系譜は、一九六〇年代後半から一九七〇年代の後半に流行した「カニ族」の国内バックパッキングにあると見るのが妥当であろう。「カニ族」の名前の由来は、当時のバックパッカーが背負っていた荷物が横長のリュックサック（たいてい黄土色だった）であり、その荷物がカニの甲羅のように大きいので、列車の車内等で彼らが横向きに歩いたことによる。「カニ族」は主に夏休みの北海道で多く見られ、その規模は、帯広駅前に出現した簡易テントの無料宿泊施設「カニの家」（一九七一年に地元住民と駅とが協力して作ったもの）に収容しきれないほどであったという。

この時代始まった国内バックパッキング・ブームの背景は何だったのであろうか。一つには、欧米における「放浪旅行（drifting）」同様、この時代のライフスタイルの価値転換とも関係していたことである。そして、もう一つは、高度成長の末期における消費社会の始まりの時期と一致していたことである。この二つの要因は原因と結果がともに重なり合っていると考えれば、消費社会の始まりとしての価値転換（モノの消費からライフスタイル消費への転換）と言ってもいいだろう。そして、日本におけるこの新しいライフスタイルの風は、ヨーロッパからではなく、アメリカの西海岸から吹き込んできたものと考えられる。この頃、アメリカ西海岸のヒッピー運動に原点をもつ「放浪旅行」の流行はメディアで多く報道されていた。[4] このことは、一九六五年アメリカ政府が国内観光の振興のために始めたキャンペーン「ディスカバー・アメリカ」が、この流行を消費化、大衆化させていたことにもよる。このキャンペーンは、もともとは多民族国家アメリカのアイデンティティを作り出そうとする愛国的なキャンペーンであったのだが、アメリカのなかに（主に西部に）新しい開放的で人間的な価値を探そうとする国内バックパッカー旅行の大きな流れを創出していった。こうして、アメリカの開拓地、西海岸におけるヒッピー風「放浪旅行」の流行は、メディアをとおして日本に伝わり、日本の開拓地、北海道への「放浪旅行」を実践する「カニ族」の発想につながっていったのではないかと思われる。[5]

4　例えば、映画『イージー・ライダー』がそのなかの一つである。

「ディスカバー・アメリカ」のキャンペーンは、形を変えて日本にも輸入され、「カニ族」の流行とは対比的な旅の流行を産み出している。一九七〇年国鉄（現ＪＲ）が始めた「ディスカバー・ジャパン」キャンペーンである。このキャンペーンはアメリカにおけるようなヒッピー・ムーブメントとは関わりをもつことはなかった。「ディスカバー・ジャパン」キャンペーンは、この当時経済的な余裕をもち、また自立に目覚めていた「アン・ノン族」、すなわち「ａｎ・ａｎ」（平凡社・現マガジンハウス、一九七〇年〜）と「ｎｏｎ・ｎｏ」（集英社、一九七一年〜）の読者層のオシャレな旅の欲望を創出するのに寄与していった［難波功士, 2007］[6]。一九七〇年代にこの二つの雑誌は、京都をはじめとして、倉敷・萩・津和野等の「小京都」を外国人のようなエキゾチックな視線で彩り、女性の個人旅行をファッショナブルなものとして定義していったのである。このような女性の個人旅行のスタイルは、貧乏旅行をする「カニ族」のそれとは対照的なものであり、むしろ、後の女性の格安海外パック旅行客へとつながるものであった。

このように「カニ族」の流行は「ディスカバー・ジャパン」キャンペーンの影響力とはほとんど関わりを持たないと思われるが、実際の旅行の形では、「アン・ノン族」と「カニ族」は重なる部分ももっていたのである。例えば、七〇年代に北海道に「幸福駅」の切符を求める[7]「アン・ノン族」の観光客が「カニ族」に混じって北海道に押し寄せたり、逆に「アン・ノン族」が多く訪れる京都のユースホステルにも「カニ族」が数多く泊まっていたりと[8]、「カニ族」と「アン・ノン族」の「生息地」はかなり重なっていたのではないだろうか。つまり、「カニ族」の流行は、当

5　一九七〇年代、筆者も含めて旅好きの仲間がアメリカの自由旅行に憧れていたのを覚えている。そのころの国内旅行ブームもその延長線上にあったのではないか。

6　「ａｎ・ａｎ」（一九六六年〜）はフランスのファッション「elle」と提携して創刊された雑誌でありヨーロッパ志向だった。一方「ｎｏｎ・ｎｏ」（一九六六年〜）の旅行記事に関する戦略もエキゾチックな消費志向だった。両誌ともヒッピーカルチャーを志向するようなものではなかった［難波, 2007：184］。

7　帯広近くの国鉄広尾線（現在は廃線）の幸福駅がテレビ番組で放映されると、愛国駅から幸福駅への切符を求める観光客が駅に押しかけた（写真参照）。

8　筆者もこれを確認している。

時のアメリカのヒッピー文化のような、対抗文化的な「精神的」潮流よりも、豊かな社会が作り出した消費文化に影響を受けたものであり、またこの当時の交通や宿泊に関する物理的条件によって促されたものでもあったのだ。国鉄が北海道で二〇日間自由に急行電車を乗り降りできる周遊券を発行したこと、このころユースホステルがその数を増やし、溢れかえる彼らのために比較的安くベッドを提供していたこと、中流家庭の可処分所得が増えたこと等、旅行消費を促進する条件が「カニ族」の流行を後押ししていたのである。

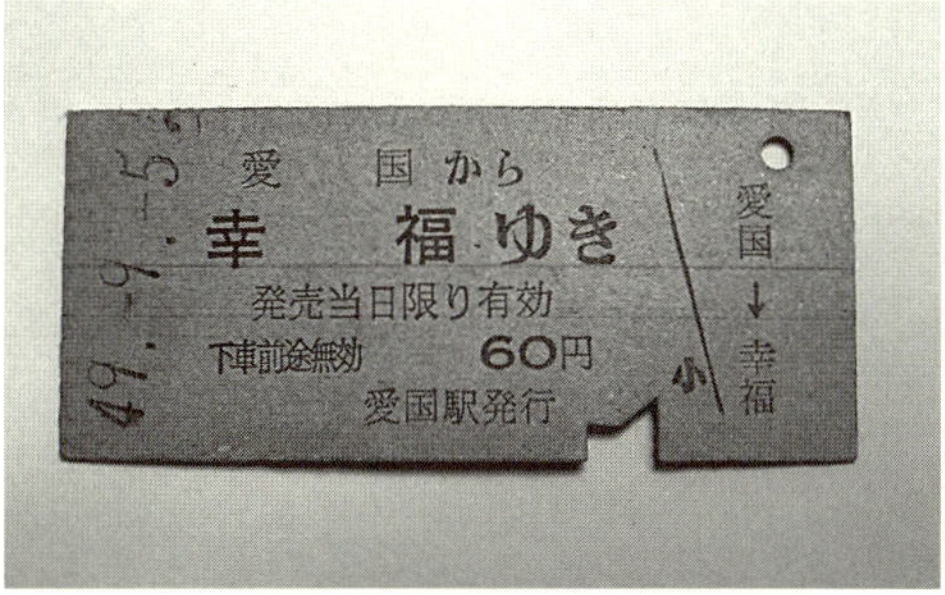

「愛国から幸福行き」の切符

以上述べたように、「カニ族」の流行は、アメリカのヒッピー文化をモデルにしつつ、新興のメディア産業がつくり出すライフスタイル消費の一つとして立ち上がったのである。しかしながら、彼らの旅行スタイルがすべて、観光メディア産業によって用意されたものとは言えないことも、確認しておかなければならない。例えば、彼らは旅先で出会う住民や旅人との関係を、サービスの購入としてではなく、彼ら自身が自律的に作っていたことも数多くあった。当時、北海道を旅行する「カニ族」の旅行期間は大体一週間から一ヶ月程度であったのだが、多くは旅行先の住民とも交流を持ち、なかには長期で農作業を手伝う者（アルバイトとボランティアの中間のシステムが各地にあった）、そのまま定住を決める者までいた。これらのシステムは、今で言う「グリーンツーリズム」に近いと言える。また、宿泊するユースホステルでは毎日、ホステラー（宿泊客）の「ミーティング」があり、旅人同士の交流をもっていた。これらの人間関係は自律的なものであり、宿泊施設のサービス、あるいは従来の社会教育とは異質なものであった。[9]「カニ族」の消費活

9　礼文島のユース等、名物ユースホステルが数多くあった（礼文島ではユースのスタッフが屋根に登って出迎える儀式があった）。このような濃厚な人間関係が逆に、後の若者たちのユースホステル離れを引き起こす原因ともなるのだが。

動は当時の国鉄等、観光産業の利害と一致してはいたものの、その行動の多くは観光サービス産業の内部に包摂されているようなものではなく、一定程度〈実存的〉な性格を持っていたのである。[10]このような意味においては、旅をファッションとして消費する同時代の「アン・ノン族」とは、やはり一線を画していたと見るべきであろう。

日本人海外バックパッカー前史

海外観光旅行が国民一般に解禁されたのは一九六四年のことである。この年の海外旅行者の総数は一二万八千人であった。その後その数は増加したものの、一九七五年の時点でも約二五〇万人程度であり、現在の一七〇〇万人(二〇〇五年)にはほど遠い。また、一九六〇年代の海外観光旅行はほとんどパックツアーであり、個人旅行の航空運賃はかなり高額であった。[11]この航空運賃の価格を引き下げたのは一九七〇年代のジャンボジェットの登場である。ジャンボジェット(B-747)は従来機(DC-8やB-707)に比べ三倍弱、席数が増加し、航空券市場は一気に買い手市場になった。また、この期に航空会社の業界団体であるIATAが団体客用に設置したバルク運賃は、正規運賃以外の運賃設定の道を開いた。また、ドルの持ち出し制限が、一九七〇年には千ドルまで、七一年には三千ドルまでと緩和され、一九七八年には撤廃されたことも海外旅行の利便性増加につながっていった。そして、何よりも個人旅行者に有利に働いたのは円高である。一九七〇年に金本位制が崩壊、七三年にはフロート制に移行し、七八年に一ドルが二〇〇円を割るまで円の価値は一気に上昇している。こう考えると、日本人の若者が個人で海外旅行をする条件が整ったのは一九七〇年代の後半であることが分かる。こうして、一九七〇年代後半にバックパッカー海外

10　社会教育の施設として出発したユースホステルはこれ以降観光産業化してくるのであるが、この頃はまだ「ボランティア的」部分を残していた。実際、ペアレント(支配人)以外のスタッフはボランティアがしていることが多かった。

11　例えば、大卒新入社員の初任給が約二万円であった一九六八年のハワイまでの往復運賃は団体割引を適用しても三五万円だった。

旅行者の増加を見ることになるのだが、それをすぐに追いかけるようにして、彼らを対象とするサービス産業が台頭している。特に、バックパッカー・ツーリズムの産業化に最も大きな影響を与えたのは、一九八〇年代前半に出現した格安航空券を専門に扱う旅行代理店だった。

一九八〇年には格安航空券を扱う旅行代理店の代名詞にもなっているエイチ・アイ・エスの前身である秀インターナショナル（会社名はインターナショナル・ツアーズ）が新宿駅近くのマンションにオープンしている。創業者の沢田秀雄氏は、一九七〇年代に単身でドイツ留学、四年間の留学期間中にバックパッカーとして五〇カ国以上を旅している［朝日新聞、二〇〇七年一一月二三日朝刊］。彼が格安航空券を扱う代理店を興したのは、「自分と同じような旅を他の若者たちに経験させたい」、「格安航空券はビジネスになる」［同掲紙］といった二つの動機からであったという。まさに沢田氏は、産業の対象外にあった領域に需要を創出し、それを産業内化するという消費社会の企業活動の王道を行っていたわけである。秀インターナショナルの創業から一年後、一九八一年にはマップ・インターナショナル（現在ではエイチ・アイ・エスの子会社「ＡＴＢ」）が京都にて開業、また、後に航空会社に徹底した戦いを挑み倒産に追い込まれることになった、後藤民夫氏率いるサカエトラベルもこの頃名古屋で開業している[12]。その後も、道祖人、四季の旅社、秘境トラベル、世界ツーリスト、国際ロータリー等の格安航空券を専門に扱う代理店が、マンションの一室に次々とオープンしている[13]。どの会社でもおおよそ共通して、旅行サロンのような店内に個人旅行の書籍や案内書を置き、バックパッカー経験者の社員が、若者たちにアドバイスをしながらチケットを売るという光景が

12　格安航空券の内外価格差を利用した販売方法の草分けは後藤民雄氏であろう。彼もまた、海外放浪（ヨーロッパにてホテルのウェーター等をしていた）後、旅行代理店を起業している。沢田氏とは違い彼の場合は、産業外部の領域をスマートにサービス化し内部化したというよりは、産業外部をそのまま残したビジネスを挑み（自立した旅行者の立場に立っているのだが、サービス・ビジネスとしては問題があった）、それが結果的に業界との衝突を生むことになったのではなかろうか。

13　格安航空券専門代理店が急増した背景には、旅行代理店出店や航空券販売、価格設定の規制緩和や、ＩＡＴＡの影響力低下などがあったことも見逃せない。

見られた。特にマップ・インターナショナルは、独自の情報誌（『マップ』）を作り、ロサンゼルスに自前のゲストハウス（マップ・アメリカンゲストハウス）まで持っていた。

八〇年代の海外旅行バックパッカーの急増に影響を与えたのは、旅行代理店だけではない。旅行メディアの存在がなければ、これほどまで広範囲な若者がパックパッキングに出かけることはなかったであろう。そのなかでも最も影響力をもっていたのは、バックパッカー用日本語ガイドブックである。日本人バックパッカーに最も広く読まれているガイドブックは、ダイヤモンド社が発行する『地球の歩き方』である。一九七九年にヨーロッパ編とアメリカ編が出版され、八〇年代には世界中ほとんどの国、地域を網羅すべくタイトルを次々に増やしていった。現在では、百タイトルを超えるこのシリーズは、バックパッカーのみならず、パック旅行の観光客や出張族にも役立つようなオールラウンドな情報が載せられているが、八〇年代の各シリーズにはもっぱら貧乏旅行向けの情報のみが掲載されていた。これは、八〇年代の『地球の歩き方』の編集方針から、訪問地域の基本情報以外のホテルやレストラン等の情報については、読者のバックパッカーから送ってもらった投稿情報を活用していたことにもよる（もちろん編集にあたる専門スタッフも極力実際に行って調査していたようではあるが、旅行者自身による情報には間違いも多かった）[14]。

『地球の歩き方』が刊行される以前には、旅行雑誌『オデッセイ』（写真）等がバックパッカー向け旅行情報を載せていたが、旅行先別のバックパッカー用日本語ガイドブックのシリーズはなく、各地域のものが特集として単発で出る程度であった。筆者が一九七〇年代後半にシベリア鉄道を使ってヨーロッパ旅行をしたときには、ガイドブックは持っておらず（途中でパック旅行用日本語ガイドブックを日本人旅行者からもらったが）、到着した駅のインフォメーションのみが頼りであったことを覚えている。その頃欧米では、若者のバックパッキングが既に流行していたのであるが、バックパッカー向けガイドブックはあまり普及していなかったため、どの町でも駅のインフォメーションには、安ホテルや民宿の情報を求めるバックパッカーで長蛇の列ができていた（そのころには欧米系のバックパッカーが

14　現在でも各シリーズの巻末には投稿用紙がついているが、コラム以外には投稿者の名前があるものはほとんどない。

愛用するガイドブック・シリーズ『ロンリー・プラネット lonely planet』がちょうど初めて出版される頃であった[15]）。七〇年代後半には既に、日本人バックパッカーは世界中主な観光地に出没していたのであるが、海外で格安航空券[16]と

写真 5-4　1983 年「オデッセイ」

写真 5-5　ベトナム・ニャチャンの日本人宿「御父さん」にて。『地球の歩き方』は必須アイテム。

15　『ロンリー・プラネット lonely planet』は一九七〇年後半に最初のシリーズ（東南アジア版）が刊行され、現在では六〇〇タイトルを超えている（日本語版も出ている）。

旅行情報を手に入れるにはある程度の語学力と気力を要するため、一部の愛好家や、留学帰りといった語学力を持った若者たちか、あるいはアルバイトをしながら海外放浪をするといったような、ヒッピー風ライフスタイルと結びついた信条と気力を持った、かなり特殊な若者たちが彼らの主流であった。以上のように、七〇年代後半には既に、日本人バックパッカーは数多く出現していたのであるが、バックパッカーとして独力で海外に行くには、まだハードルは高く、それなりの準備と心構えが必要であったのであり、八〇年代に生まれた、「格安航空券」専門代理店と、バックパッカー・ガイドブックの出現なくして、広範囲の若者たちがバックパッカーになることはなかったと思われる。[17]

日本人バックパッカーの誕生

八〇年代以降、格安航空券と親切な旅行代理店とガイドブックの情報に助けられて、大都市の大学では、夏と春の長い休みのシーズンには、アルバイトで貯めた貯金を持って気軽に海外にでかける学生が増加していった。学生以外にも、卒業後進路を決めない若者、あるいは中途で退職した若者、あるいは卒業後定職につきながら短い休みを利用し何度も海外に出かける若者（公務員、教員が多いのだが）もこのなかにいた。特に八五年のプラザ合意後円が急騰し（八五年プラザ合意時点での一ドル二四二円から八七年のルーブル合意直前の一二〇円まで、二年間で円の価値は二倍になった）、安くなった格安航空券を使えば、海外へのバックパッキングは、国内旅行よりも安上がりなレジャーの一つになっていった。しかし、八〇年代から九〇年代半ばにかけて海外旅行のハードルが以前よりも格段低くなり、[18] バックパックを背負って海外に出る若者の数は増えたものの、六〇年代後半から七〇年代の「カニ族」のよ

16 筆者は八〇年代まで香港で成田経由一年オープンの格安航空券を買っていたので、いつでも東京でストップオーバーしている状態であった。価格は日本の半額くらいであった（しかも、航空券冊子の最後に香港までの切符がついていた）。

17 先に述べたように、この他バックパッカーが増加したことの要因に円高がある。

うに、バックパッキングが若者文化のスタンダードになったわけではなかった。

その理由は、次のように考えられる。第一に、格安航空券を専門に扱う旅行代理店が、次第に従来の旅行代理店と同じような業務も扱うようになり、若者がパック旅行商品を購入するようになったことである。また、この頃にはパック旅行も、十分個人対応（交通機関とホテルのみの「スケルトン型」）になっており、自分で手配した旅行と同じくらい安く設定できるようになっていた。第二に、八〇年代バブルに浮かれる日本の若者にとって、ヒッピー文化の匂いが染みついたバックパッキングは、登山等と同様、既にオシャレな趣味とは受け取られなくなっていたことである（八〇年代も後半になるとこの傾向が強くなった）。第三に、いかに親切な旅行代理店とガイドブックの助けがあったとしても、自力で旅行するためにはそれなりの知識や語学力が必要であったことである。第四に、格安で利用できる飛行機の便数も増え、成田や関空での乗り継ぎはもとより、ソウルや台北等の乗り継ぎ便もでき、地方からも海外が近くはなったものの、出発空港までの心理的距離、利用できる航空機の便数、価格は、地方の若者には不利であり、バックパッキングの普及が首都圏と関西圏に偏っていったことである。この当時実施したバックパッカーの実態調査のデータもなく、あくまで八〇年代にバックパッキング・リピーターであった筆者の推測でしかないのだが、この当時のバックパッカーの主流は首都圏または関西圏の大学生、あるいはその卒業生であり、ブランドものにはあまり興味がなく、派手な遊びにもあまり興味がないが、海外文化に対して知的関心を持ち、語学力も少しはある学生（または、大学卒業生）といった像が浮かんでくる。[19] バックパッキングが、ヒッピー風ライフスタイルを引きずってはいるものの、七〇年代にあったようなヒッピー風ファッションを気取る若者も、この時代の日本人バックパッカーの中にはほとんどいなくなっていたように記憶している。

一方欧米においては、対抗文化系若者文化が体制内化されつつも、次の世代に受け入れられていた。そして、七〇

18 一九九一年バブルの崩壊があったにもかかわらず、海外旅行客数は八〇年から九五年まで一直線に増加している。
19 この当時はまだ女性のバックパッカーは少なく、女性バックパッカーは比較的優等生風の女性が多かったようである。

年代のヒッピー文化は、八〇年代の彼らのバックパッカー文化のなかに引き継がれていたのである。日本においては、ヒッピー文化の匂いのするバックパッキングは、この時代においては時代遅れの匂いのするものあったのだが、カトマンズやバンコク・カオサン通りに代表されるような海外のバックパッカーズ・プレイスに行けば、それはけっして場違いのスタイルではなかった。八〇年代も、特に後半以降のバックパッキングは、流行の最先端にあったわけではなく、むしろ日本のバブリーな流行を好まない若者の逃避場所になっていったようにも思える。

一九九一年のバブルの崩壊にもかかわらず、日本人の海外旅行者数は、少なくとも九五年まではほとんど一直線に増加している。海外旅行者の増加にはバブルの崩壊よりも円高が勝った格好である（一九九五年には一ドル七九円七五銭まで進んでいる）。この当時、不況に加えて円高によりパック商品の価格も低下傾向にあったため、格安航空券または低価格パック旅行での観光が急増したのである[20]（したがって、旅行会社の利益はあまり増えてはいない）。そのなかに狭義のバックパッカーの数がどれほどあったのかは定かではないが、八〇年代に比べてけっして減りはしなかったはずである。

メディアのなかのバックパッキング

九〇年代には、バックパッキング文化は、けっしてメジャーな文化としてではないが、次第にマス・メディアの世界にも登場するようになる。この時代最初に、メディアのなかにバックパッキングを持ち込んだのは、沢木耕太郎、下川裕治、小林紀晴等のバックパッカー旅行作家である。六〇年代、七〇年代にも、五木寛之や小田実等、バックパッカーが好んで読んだ作家はいたが、彼らはバックパッキング以外の領域でむしろ有名人であり（例えば小田実は「ベトナムに平和を！市民連合」のリーダーとして知られていた）、バックパッカーを続けていたわけでもなく、貧乏

20　旅行代理店へのインタビューによる。

旅行者のカリスマといったものでもなかった。

八〇年代後半から九〇年代に台頭してきたバックパッカー作家たちは、バックパッカーの間でカリスマ化するようになる。この時代には、バックパッキングはメディアのイメージにより作られた一つのサブカルチャーとなりつつあり、このサブカルチャーの静かな火付け役となったのは、「旅行作家」が活躍する活字メディアであったと思われる。そのなかでも、サブカルチャーとしてのバックパッキングのイメージを作り出すのに最も影響力を持った「カリスマ」は、一九八六年から一九九二年まで『深夜特急』三部作を世に出した沢木耕太郎である。自身の貧乏旅行体験を著したこの三部作は九六年から九八年まで何度かテレビ・ドラマ化され、従来の活字メディアでは考えられなかった広範囲な影響力を、バックパッカー・ツーリズムが持つきっかけとなった。[21]下川裕治は、『一二万円で世界を歩く』(朝日新聞社、一九九〇年)を始め、旅行記からバックパッカーについての評論[22]まで数多くの著作を出している。また、本来カメラマンである小林紀晴は、『アジアン・ジャパニース』三部作(情報センター出版局、一九九五年から二〇〇〇年)のなかで、アジアをはじめ世界で単独長期滞在をする若者を、写真のイメージとともに描いている。これらの旅行作家が描く世界は、九〇年代のものよりもむしろ七〇年代から八〇年代前半の「貧乏旅行」の世界であり(新聞や週刊誌での連載は本の出版より数年前のものが多い)、本として出版され実際に読まれたのは九〇年代であったとしても、彼らをカリスマとするファン層も七〇年代八〇年代の「知的」バックパッカーの流れを汲んでいたと考えられる。そういった意味においては、「旅行作家」たちが作ったイメージを持ってバックパッキングを始めた若者たちは、次にあげるようなテレビ番組に影響されてバックパッキングを始めた若者たちとは一線を画していたと考えられる。

九〇年代にバックパッカーのイメージを一部の愛好者の世界ではなく一般向けに広めたのはテレビ番組である。特

21 しかし、沢木耕太郎はあくまでも活字メディアの作家であり、テレビドラマ化した『深夜特急』を見たバックパッキング愛好者はオリジナルの著作の方にも目を通しているのではないか。
22 『幸田証生さんはなぜ殺されたのか』(新潮社、二〇〇五年)、『日本を降りる若者たち』(講談社、二〇〇七年)は、観光社会学的にも優れたバックパッカー・モノグラフであると言える。

に、一九九六年に東京放送系列の番組「進め！電波少年」のなかの企画でバックパッキングをブラウン管にのせた、お笑いコンビ猿岩石の映像の力は大きかった。番組連載後にあった「やらせ」報道[23]も、かえって彼らの人気を増幅させていたことからの分かるように、彼らのバックパッキングは、作られたイメージでしかないということを、視聴者も知りつつ彼らの「貧乏旅行」を楽しんでいたのである。後に彼らが歌った歌「白い雲のように」（九七年レコード大賞新人賞、作詞作曲は藤井フミヤ）や彼らの旅行記もよく売れ、彼らの存在はイメージとしての「貧乏旅行」を楽しむという新しいバックパッキング像を作り上げていった。また一九九五年から始まったＴＢＳ系列の番組「世界ウルルン滞在記」は、訪問地住民との交流の在り方における、ある種独特の表象パターンを作り上げた。さらにまた、一九九九年からフジテレビ系列で放送されている「あいのり」は、旅の訪問地や旅そのものよりも、旅仲間が繰り広げる「もう一つの世界」の恋愛ゲーム的楽しみ方を、[24]バックパッカーのなかに定着させていった（実際このころから、男女五、六人の集団でバックパッキングする日本人の若者を見かけるようになった）。

以上のようにテレビ番組は、バックパッキングのイメージから、それが従来から持っていた、汚く危険で苦しい貧乏旅行という3Ｋイメージを排除するのではなく、むしろそれらを利用しつつ楽しむという方向に若者たちを導いていったのである。新井克弥が言う「物語消費」、あるいは「メディア消費」としてのバックパッキング［新井 2001：111-137］、「貧乏ごっこ」を楽しむ「ポスト・バックパッカー」［新井 2000：268-280］はこうして生まれてきたものである。[25]また、Ｊ・アーリ（J. Urry）の言う「唯一とか正統な観光体験など一切なく、多種多様なテクスト

23　映像では ヒッチハイクで陸伝いに香港からロンドンまで行ったことになっていたのであるが、実際には途中で飛行機を使ったことが後で露呈し、「やらせ」として問題になった。

24　この番組にも「やらせ」説が蔓延しているが、ここにおいても、かえってそのことが番組のゲーム的面白さを膨らませている。

25　新井が呼ぶ「ポスト・バックパッカー」とは、例えば、キャミソールに厚底サンダルといったスタイルでカオサンに来るといったような、「貧乏ゲーム」さえしなくなったバックパッカー、「旅スタイルのパッチワーカー」である。「あいのり」のメンバーのスタイルはこれに近い。

を伴ったゲームの繋がりの全体」［アーリ, 1990＝1995：181］として旅を楽しむ「ポスト・ツーリスト」もこのような観光客を指している。

しかし、バックパッカーのリアリティには、メディア消費的部分のみではなく、六〇年、代七〇年代から引き継がれるヒッピー系文化の古い層も存在していたのである。すべてのバックパッカーが「ポスト・ツーリスト」になったわけではなく、産業化されない〈実存的〉な旅を追求している「古い」タイプのバックパッカーもけっして排除されたわけではない。[26] また、新しいタイプのバックパッカー一個人のなかにも、メディアの表象に自分の旅の経験を当てはめようとする部分と、メディアが作りだした枠に収まりきれない〈実存的〉部分の両方が共存しているというのが実状ではなかっただろうか。そもそも、バックパッキングのリアリティを、産業がつくりだす表象で覆いつくすようなことは、「偶然性」に依存するバックパッキングの性格からして不可能であろう。エコツーリズム、グリーンツーリズムがそうであるように、市場規模や、収益を引き出す可能性からしても、バックパッカー市場は、大手の企業が参入するほど魅力があるものとも思えない。一九九〇年代のバックパッキングのリアリティの実状は、メディア化した新しい層が、システム化を嫌い自由な

写真 5-6　ラオス・ルアンプラバーンのクラブディスコ。バックパッカーのクラビング（クラブ遊び），インターネット等は，現地人の若者の風俗に多大な影響を及ぼす。

26　新井は「古い」バックパッカーを、旅こそ人生と悟り発見とコミュニケーションを重視するピュアー・バックパッカーと、一地点に長期間「沈没」（そこから移動しなくなること）するディープ・バックパッカーに分けている［新井, 2000］。

体験を求める古い層の上に被さるようになったものである、と考えた方がよさそうである。

以上見てきたバックパッカーについての概観を踏まえつつ、次の節では、二〇〇七年に三回に分けて行ったバックパッカーの実態および意識調査の一部を使って、その現在の姿を描き出したいと思う。

バックパッカーの現状

この節で報告するのは、筆者が二〇〇六年と二〇〇七年に三回に分けて行ったバックパッカーの実態および意識調査の一部である。調査のほとんどは、筆者が独自に行ったものであるが、一部であるが、ゼミ旅行として調査に部分的に同行した学生が行ったものも含まれている。調査旅行は三回行ったが、旅行自体の目的は第二章で扱ったアジアの山岳民族の観光化に関する調査のためであり、バックパッカーを対象にした調査のためではなかった。率直に言えば、この調査は山岳民族調査の「ついでに」行ったものである。調査対象の選定、調査場所、時間等は恣意的なものであり、サンプルの代表性には問題がある。また、時間や場所に統一性がなく、あまり正確な調査とは言えない。しかし、調査は筆者自身が行ったものが多かったため、調査の過程で調査対象者と対面的なコミュニケーションが持て、多くの質的情報も得られた(バックパッカーたちは大変真摯に答えてくれた)。この報告は、質問紙調査による量的なデータから状況を説明していくが、その背後はインタビューから得られた質的なものも含まれていることも明かしておこう。本来、質問紙調査等、量的なデータにもとづく調査の分析は、分析者の主観を極力排除して行うべきものである。しかし、この報告においては、データ自身が必ずしも「客観的」なものとはいえないため、このような分析戦略をとることとする。

(一) 調査の概要

まず、調査対象であるが、多くは、筆者が「日本人ゲストハウス」で知り合ったバックパッカーである。ゲストハウスは、バンコク・カオサン地区「さくら・ゲストハウス」、ホーチミンシティー・ファングーラオ地区「ほーれん荘」、フエ「ビンジュオン・ゲストハウス」、ルアンプラバーン「コールドリバー・ゲストハウス」、大理「大理古城青年旅館」、香港「ラッキー・ゲストハウス」等である。多くは、ゲストハウス内で調査対象自身が記述する形で行ったが、バスの中で、飛行場の待合室で、レストランで行ったものも含まれている。

調査は二〇〇六年八月一一日から二五日、タイ、二〇〇七年二月二八日から三月一五日、タイ・ラオス・中国・ベトナム、二〇〇七年九月一日から九月二四日、ベトナム・中国で行った。

サンプル数はタイ国内でとったものが一〇九サンプル、ラオス国内が一六サンプル、ベトナム国内が五〇サンプル、中国国内が九サンプルであり、合計一八四サンプルである。

写真 5-7　ラオス・ルアンプラバーンのコールドリバー・ゲストハウス。経営者は現地人であるが、日本人の宿泊者が多い。毎週金曜日には夕食が無料で振る舞われる。

(二) 調査対象の属性

※グラフ表示についての注：単純集計のグラフは不明・非該当サンプルを含んでいるが、クロス集計のグラフについては、グラフが見にくくなるため「不明・非該当」サンプルを除いた数値を示した。その場合 n の数値から「不明・非該当」がいくつあるかが分かる。また、職業の分類の統合を行ったデータについては、学生＝大学生＋専門学校生、正規雇用者＝会社員＋公務員＋団体職員＋教員＋自営業＋医師・弁護士、非正規雇用者＝アルバイト・パート＋契約社員、無職＝無職＋年金生活者＋専業主婦、とした。

①性別（図5-1）　性別に関しては、男性約八割、女性約二割

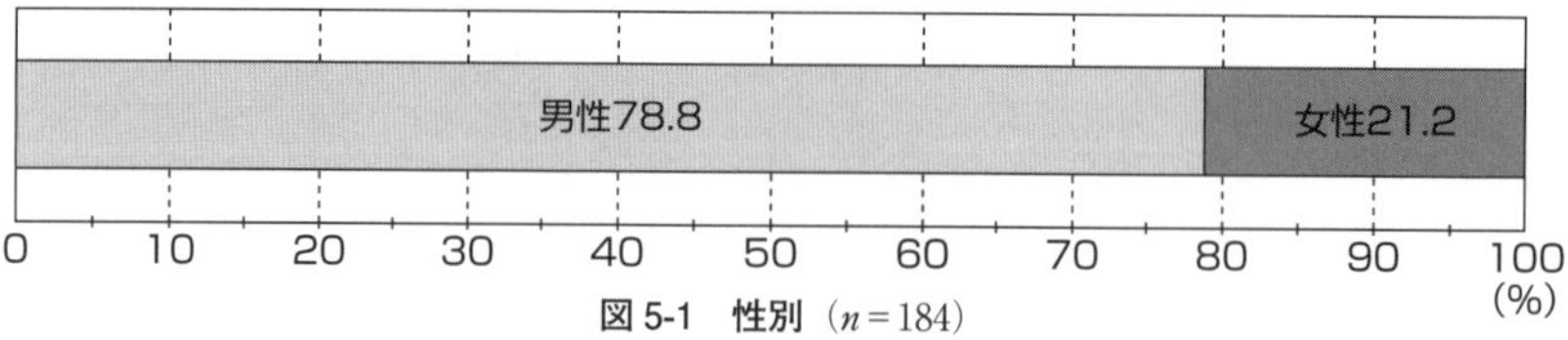

図 5-1　性別（$n=184$）

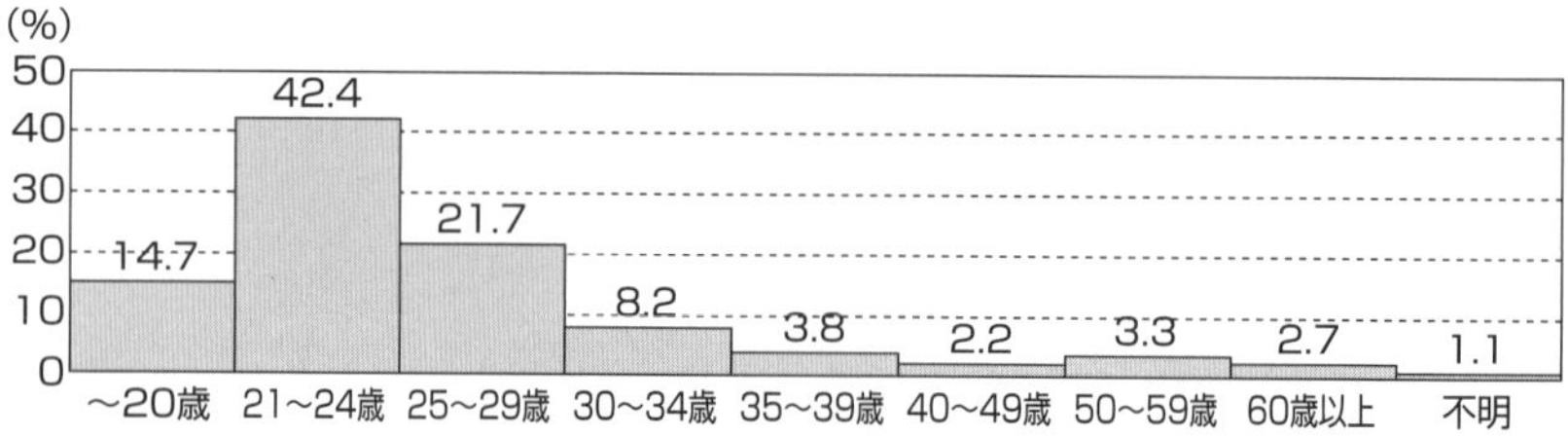

図 5-2　年齢分布（$n=184$）

表 5-1　年齢と職業

年齢×職業 2 の項目

上段：度数 下段：%		年齢								
		合計	～20歳	21～24歳	25～29歳	30～34歳	35～39歳	40～49歳	50～59歳	60歳以上
職業2の項目	合計	182 100.0	27 14.8	78 42.9	40 22.0	15 8.2	7 3.8	4 2.2	6 3.3	5 2.7
	学生	93 100.0	25 26.9	58 62.4	8 8.6	2 2.2	－ －	－ －	－ －	－ －
	正規雇用者	33 100.0	－ －	8 24.2	11 33.3	5 15.2	4 12.1	1 3.0	2 6.1	2 6.1
	非正規雇用者	10 100.0	1 10.0	2 20.0	3 30.0	2 20.0	1 10.0	－ －	1 10.0	－ －
	無職	41 100.0	－ －	10 24.4	15 36.6	6 14.6	1 2.4	3 7.3	3 7.3	3 7.3
	その他	5 100.0	1 20.0	－ －	3 60.0	－ －	1 20.0	－ －	－ －	－ －

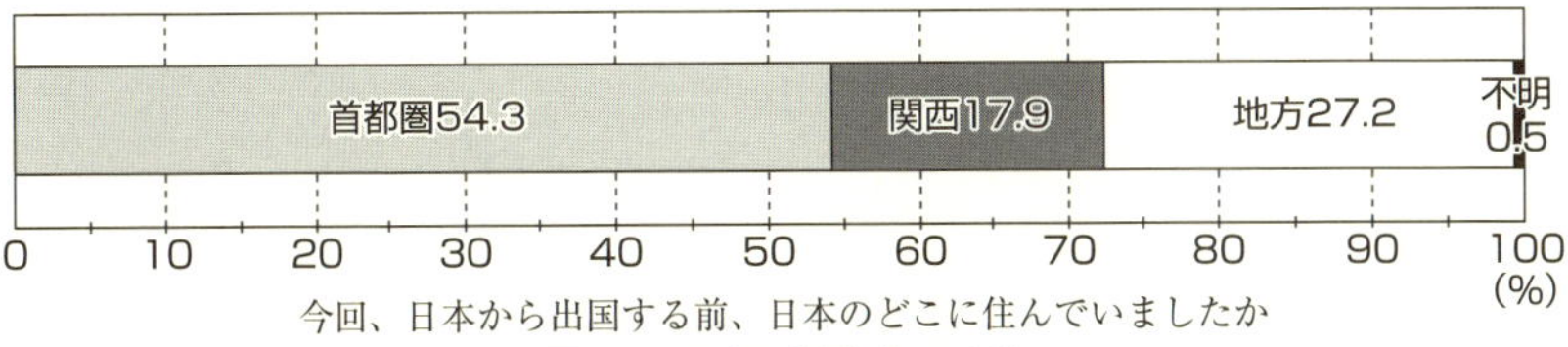

今回、日本から出国する前、日本のどこに住んでいましたか

図 5-3　日本の住所（$n=184$）

表 5-2　現在の職業

No.	カテゴリ	件数	（全体）%	（除不）%
1	大学生	87	47.3	47.3
2	専門学校生	6	3.3	3.3
3	会社員（正規社員）	20	10.9	10.9
4	公務員	2	1.1	1.1
5	団体職員	0	0.0	0.0
6	教員	6	3.3	3.3
7	自営業	4	2.2	2.2
8	医師、弁護士	2	1.1	1.1
9	年金生活者	1	0.5	0.5
10	アルバイト・パート	8	4.3	4.3
11	契約社員	2	1.1	1.1
12	専業主婦	1	0.5	0.5
13	無職	40	21.7	21.7
14	その他	5	2.7	2.7
	不明	0	0.0	
	サンプル数（%ベース）	184	100.0	184

表 5-3　無職になる前の職業

No.	カテゴリ	件数	（全体）%	（除不）%
1	大学生	1	2.5	2.6
2	専門学校生	1	2.5	2.6
3	会社員（正規社員）	17	42.5	43.6
4	公務員	3	7.5	7.7
5	団体職員	0	0.0	0.0
6	教員	3	7.5	7.7
7	自営業	3	7.5	7.7
8	医師、弁護士	0	0.0	0.0
9	年金生活者	0	0.0	0.0
10	アルバイト・パート	8	20.0	20.5
11	契約社員	2	5.0	5.1
12	専業主婦	0	0.0	0.0
13	その他	1	2.5	2.6
	不明	1	2.5	
	サンプル数（%ベース）	40	100.0	39

であり、バックパッカーは相変わらず男性が多いことが分かる（調査をした筆者が男性であるので偏りがあったかもしれない）。

②年齢（図5‐2）　三回の調査とも学生の長期休暇中だったので、当然学生が多く、年齢層も二〇代前半に集中している。年齢と職業の内訳は表5‐1のとおり。休暇を取って来ていると思われる正規雇用者も二〇代が多いが、その他の年齢層も若干いる。

（三）調査結果の分析

①日本の住所（図5‐3）　日本の住所に関しては予想どおり、首都圏が五四・三％と多かった。首都圏と関西圏を合わせて約七割になる。便数、価格とも、地方の空港からの便は不利であるためか。

②職業（表5‐2）　春夏の長期休暇中の調査であるため、約半数が大学生である。会社員も約一割と意外に多い。無職の者は二割いる。表5‐3から分かるように、会社を辞めて旅に出た者が、その半数と多い。次にあげるように、仕事をやめて旅に出た「無職者」は旅行期間が長い。

③旅行期間と職業（表5‐4）　学生のバックパッカーの旅行期間は一週間から六ケ月適度まで幅がある。一方、社会人の旅行期間は一週間未満が多く、長くても二週間程度である。当然であるが、無職のバックパーカーは期間が長い。

④旅行期間と費用（図5‐4）　東南アジア方面のバックパッキングでは、三週間までは一五万円以内で済む場合が多いようである（あくまでも途中での予想だが）。一日の宿泊費、食費会わせても二〇〇〇円から三〇〇〇円程度であり、移動もバスが多く運賃もあまりかからないので、三週間位までなら一五万円以内でまかなえるようだ。日本で買った航空券の価格が、全体の経費の三分の一から、半額くらいを占めるのではないだろうか。

⑤同伴者（図5‐5）　全体の約六割が一人旅であるが、男女差がある。女性も一人旅が意外に多い。

⑥リピーター率（図5‐6）　全体的にリピータ比率が高く、七割以上が三回以上の海外旅行経験があると答えている。正規雇用者のバックパッカーにハード・リピーターが多い。また、図5‐7から女性のリピーター比率も高

表 5-4　旅行期間と職業

今回の旅行は全体でどれくらいの期間の予定ですか×現在の職業

上段：度数 下段：%		今回の旅行は全体でどれくらいの期間の予定ですか							
		合計	1週間未満	1週間～2週間未満	2週間～3週間未満	3週間～1ヶ月未満	1ヶ月～6ヶ月未満	6ヶ月～1年未満	1年以上
現在の職業	合計	182 100.0	22 12.1	41 22.5	28 15.4	34 18.7	32 17.6	15 8.2	10 5.5
	大学生	87 100.0	7 8.0	27 31.0	15 17.2	23 26.4	14 16.1	1 1.1	－ －
	専門学校生	6 100.0	－ －	1 16.7	4 66.7	1 16.7	－ －	－ －	－ －
	会社員（正規社員）	20 100.0	8 40.0	7 35.0	2 10.0	1 5.0	2 10.0	－ －	－ －
	公務員	2 100.0	－ －	2 100.0	－ －	－ －	－ －	－ －	－ －
	団体職員	－ －	－ －	－ －	－ －	－ －	－ －	－ －	－ －
	教員	6 100.0	4 66.7	1 16.7	1 16.7	－ －	－ －	－ －	－ －
	自営業	4 100.0	1 25.0	－ －	－ －	1 25.0	2 50.0	－ －	－ －
	医師、弁護士	2 100.0	－ －	－ －	2 100.0	－ －	－ －	－ －	－ －
	年金生活者	1 100.0	－ －	－ －	－ －	－ －	－ －	－ －	1 100.0
	アルバイト・パート	8 100.0	－ －	2 25.0	－ －	2 25.0	2 25.0	2 25.0	－ －
	契約社員	2 100.0	－ －	－ －	－ －	1 50.0	1 50.0	－ －	－ －
	専業主婦	1 100.0	－ －	－ －	1 100.0	－ －	－ －	－ －	－ －
	無職	38 100.0	1 2.6	1 2.6	2 5.3	5 13.2	8 21.1	12 31.6	9 23.7
	その他	5 100.0	1 20.0	－ －	1 20.0	－ －	3 60.0	－ －	－ －

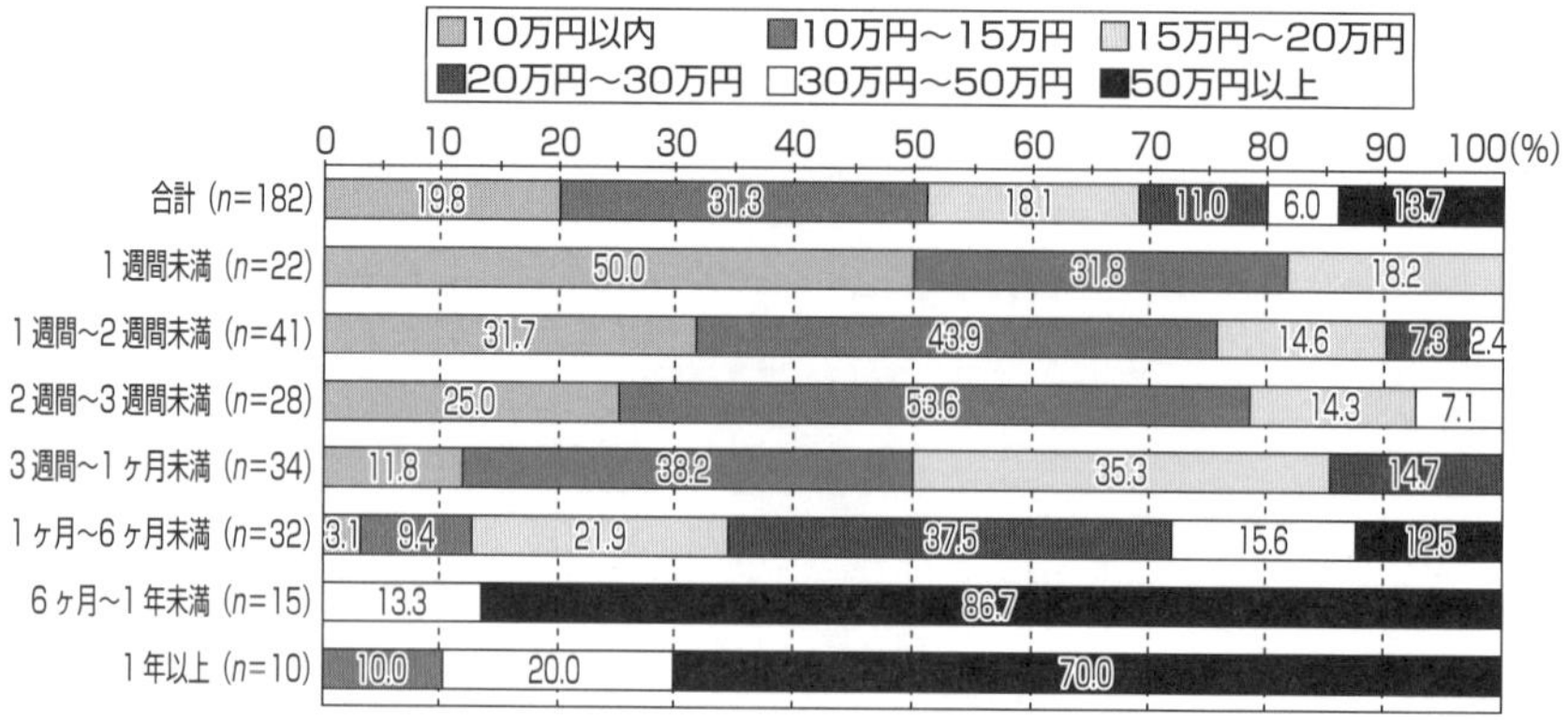

今回の旅行は全体でどれくらいのお金がかかる（旅費も含めて）と思いますか
× 今回の旅行は全体でどれくらいの期間の予定ですか

図 5-4　旅行期間と費用

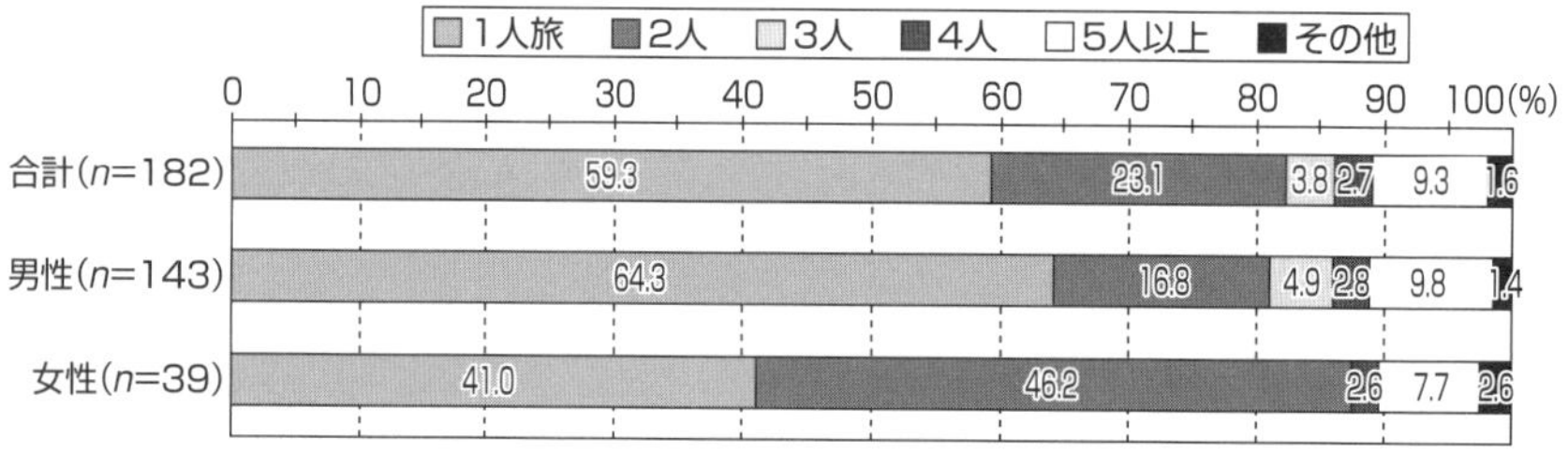

今回の旅行は何人（あなたもふくめて）で来ましたか × 性別

図 5-5　同伴者と性別

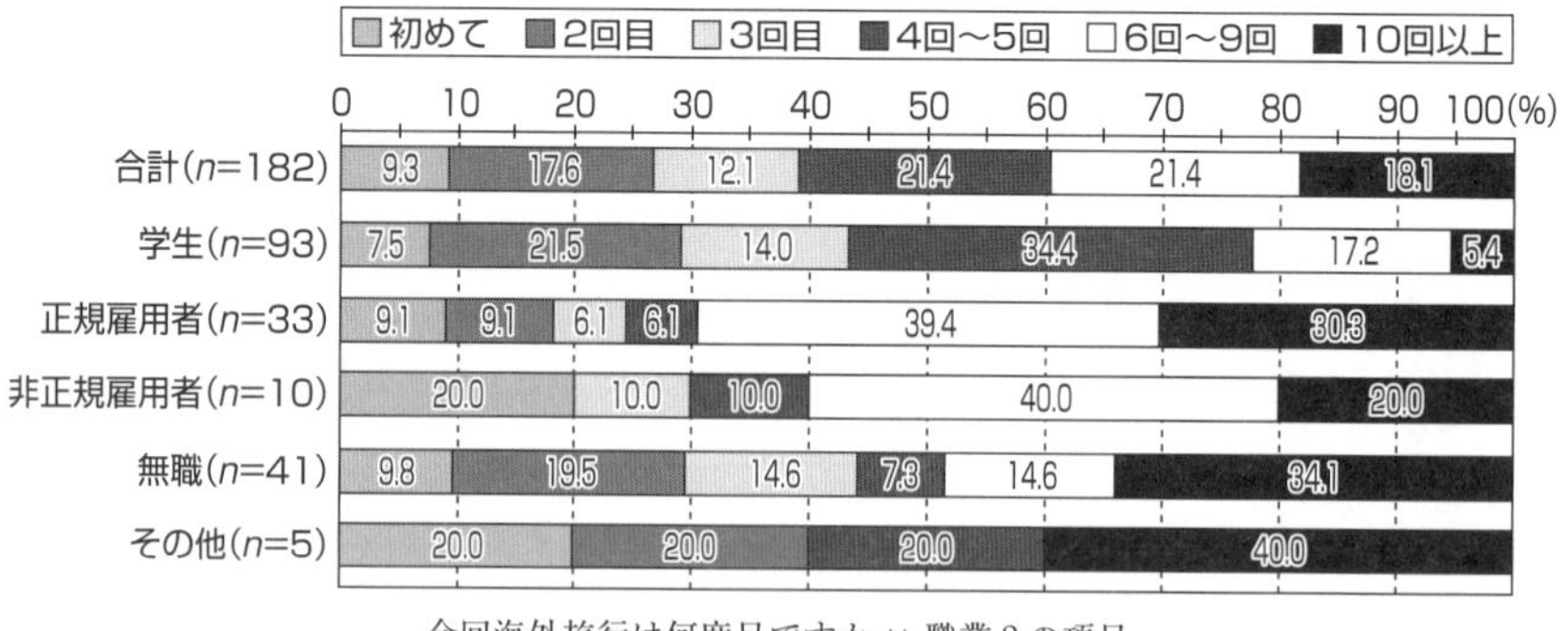

今回海外旅行は何度目ですか × 職業２の項目

図 5-6　リピーター率と職業

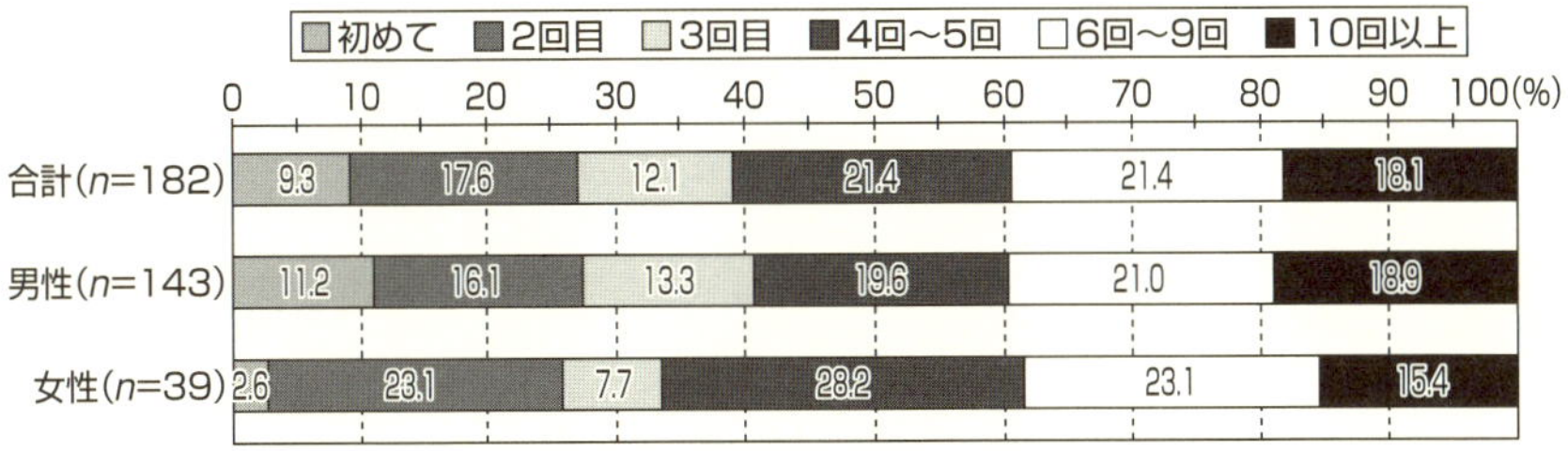

今回海外旅行は何度目ですか × 性別

図 5-7　リピーター率と性別

表 5-5　旅の楽しみ

あなたにとって旅行の楽しさとは何だと思いますか（複数回答）

No.	カテゴリ	件数	（全体）%	（除不）%
1	知らない土地の文化・歴史にふれること	151	82.1	81.1
2	知らない土地の人の現実の生活にふれること	131	71.2	71.2
3	知らない土地の人との出会い	126	68.5	68.5
4	知らない土地の食べ物を食べること	116	63.0	63.0
7	旅人同士の出会い	109	59.2	59.2
8	自由気ままに毎日を過ごすこと	72	39.1	39.1
9	冒険	55	29.9	29.9
10	自己発見や自分のアイデンティティ探し	50	27.2	27.2
5	知らない土地で売っている物を買うこと	39	21.2	21.2
13	よい写真が撮れること	33	17.9	17.9
14	なんでも安価なこと	27	14.7	14.7
11	同行者との仲が深まること	21	11.4	11.4
12	日本にいるよりはまし	13	7.1	7.1
6	性的な経験	12	6.5	6.5
15	その他	8	4.3	4.3
	不明	0	0.0	0.0
	サンプル数（%ベース）	184	100.0	184

く、初めての海外旅行にバックパッキングをする女性は極めて少ないことが分かる。

⑦旅の楽しみ（ランキング集計）（表5-5）　旅の楽しみを複数回答で聞いたものが表5-5である。旅先での新しい発見に関するものが上位を占めている。特に、「知らない土地の人の生活にふれること」や「知らない土地の人との出会い」については、他の旅行形態に比べて、バックパッキングの有利な点であり、またそれによって〈自己変容〉、または〈他者性〉の経験につながる事柄である。これらに楽しさを求めていることは、バックパッカーが旅に〈実存的〉なものを求めていることの証しである。しかし、そのような〈実存的〉体験を実際に実践するのは、後述するように、「言葉」の問題が障害になり、それほど簡単ではない。また、「旅人同士の出会い」という回答が約六〇％と多いのも、日本にいる時とは違う「役割」を、旅のなかで演じることを好む、〈飛び地〉における旅行者同士の人間関係を欲する）バックパッカーの特徴である。この質問項目の回答パターンを分類するために数量化Ⅲ類による分析を行った。その結果最も説明力のある分類軸が下の図5-8である。

図5-8では、上に行くほど訪問地に興味をもたない自己志向であり、下に行くほど、訪問地志向である。自己の自由な体験志向か訪問地志向かで、バックパッカーを分類することができそうである。第一軸（自己志向を＋、訪問地志向を－）のサンプル得点の平均を見ると男性よりも女性の方が訪問地志向であることが分かる。

学生よりも正規雇用者、無職のバックパッカーの方が訪問地志向である（非正規雇用者はサンプル数が一〇と少なく、データとしての信頼度は低い点に注意）。

また、自由回答において旅先で感動したことを聞いたところ、「貧しい生活の中でも、生き生きとし生活をしている民族の人との出会い」（二五歳　男性　正規社員　旅行期間一週間未満）、「インドネシア人の家にまねかれてごちそうになった」（二五歳　男性　アルバイト・パート　旅行期間六ヶ月～一年未満）、「現地の人と一緒に飲んで、夜を明かしたりしたこと」（二二歳　男性　大学生　旅行期間三週間～一ヶ月未満）等、現地の住民との出会いをあげているものが最も多い（同類の回答三一件）。次に、「道に迷っているときに、米国人&日本人が助けてくれた。どの国にも親切な人はいるが、人に対して優しく接することができる人には感動するし、今回もグッときた」（二一歳　女性　大学生　旅

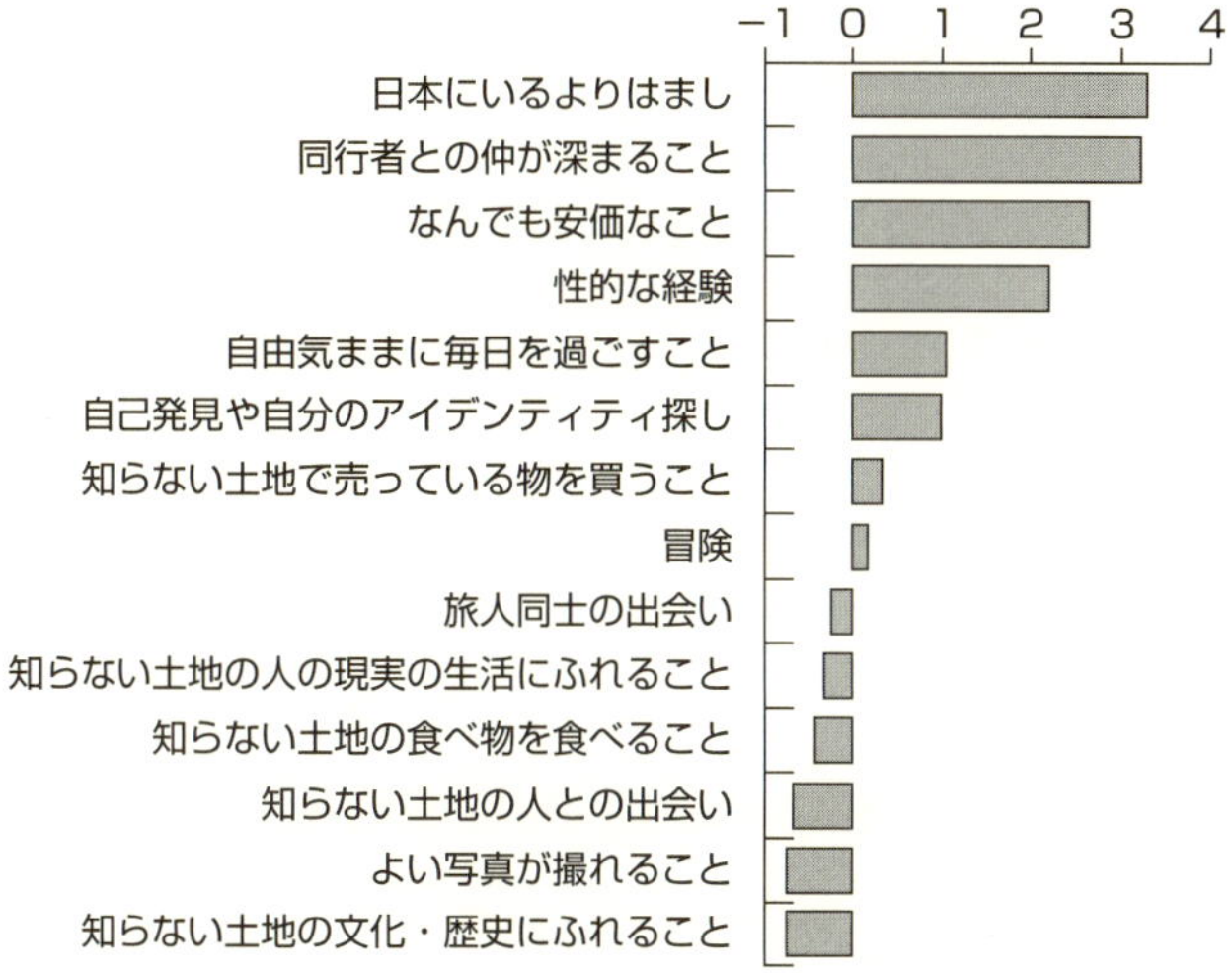

（数量化Ⅲによる分析：固有値 0.1910，寄与率 13.76％，相関係数 0.4370）

図 5-8　旅の楽しみの回答パターン

表 5-6　旅の指向性と性別

	件数	平均値	性別	
			男性	女性
サンプルスコア 1 軸	184	− 0.18	− 0.11	− 0.47

表 5-7　旅の指向性と職業

	件数	平均値	職業 2 の項目				
			学生	正規雇用者	非正規雇用者	無職	その他
サンプルスコア 1 軸	184	− 0.18	− 0.14	− 0.29	0.07	− 0.29	0.13

行期間三週間から一ヶ月未満）、「出会って一週間にも満たない友達が別れの時に泣いて惜しんでくれたこと」（二三歳 男性 大学生 旅行期間二週間～三週間未満）といったような、バックパッカー同士の出会いに関することが多かった（同類の回答二一件）。バックパッカーにとって、人との出会い、人格的なふれあいが最も感動につながる経験であることが分かる。また、「少数民族の生活の一面をほんの少しだけれど、見ることができた」（一九歳 女性 大学生 旅行期間一週間～二週間未満）や「タイの結婚式に参加したこと」（二七歳 男性 自営業 三週間～一ヶ月未満）等、現地の文化や習慣を体験したことをあげたものもあった（同類のもの九件）。総じて、バックパッカーの感動は、現地の人間や旅人同士との人格的な交流や、現地の文化に触れたことといったような、自分独自の〈実存的〉経験にもとづくものが多いのである。

⑧旅行情報入手手段（表5-8、9） 訪問地における観光情報の情報源で最も多いのはガイドブックである。口コミを除けば、次がインターネットなのであるが、社会人の利用は多い割に、学生はインターネット情報をあまり持たないことが分かる。また、男性よりも女性の方がガイドブック情報に依存する傾向がある。

⑨ガイドブック（ランキング集計）（図5-9） バックパッカーのガイドブックは、圧倒的に『地球の歩き方』が多い。

⑩旅行作家からの影響（図5-10） 前述したように、八〇年代後半から九〇年代に起こったことは、旅行作家をとおしてのバックパッキングのイメージ化である。現代でも、旅行作家に影響を受けてバックパッキングを始める若者が多いことが分かる。

⑪影響を受けた旅行作家（旅行作家に影響を受けた者のみの限定質問：ランキング集計）（図5-11） 影響を受けた旅行作家のナンバー・ワンは沢木耕太朗である。本だけではなくテレビ化されたことも、知名度をあげた原因と思われる。

⑫旅の苦労 「今回の旅で最も困ったこと」を自由回答で聞いたところ（三回目の調査のみの質問項目なので件数はあまり比較の対象にはならないが）、言葉に関することが四一件と圧倒的に多かった。言葉に関する苦労には二種

表 5-8　旅行情報入手手段と職業

現在の訪問国の観光情報は何で知りましたか（1 つだけ回答）

上段：度数 下段：%		現在の訪問国の観光情報は何で知りましたか（1 つだけ回答）						
		合計	インターネット	テレビ	ロコミ	ガイドブック	雑誌	ガイドブック以外の旅行本
職業2の項目	合計	173 100.0	28 16.2	3 1.7	45 26.0	89 51.4	2 1.2	6 3.5
	学生	90 100.0	8 8.9	1 1.1	25 27.8	51 56.7	1 1.1	4 4.4
	正規雇用者	32 100.0	10 31.3	1 3.1	6 18.8	14 43.8	– –	1 3.1
	非正規雇用者	8 100.0	2 25.0	– –	2 25.0	4 50.0	– –	– –
	無職	38 100.0	8 21.1	1 2.6	11 28.9	16 42.1	1 2.6	1 2.6
	その他	5 100.0	– –	– –	1 20.0	4 80.0	– –	– –

表 5-9　旅行情報入手手段と性別

現在の訪問国の観光情報は何で知りましたか（1 つだけ回答）

上段：度数 下段：%		現在の訪問国の観光情報は何で知りましたか（1 つだけ回答）						
		合計	インターネット	テレビ	ロコミ	ガイドブック	雑誌	ガイドブック以外の旅行本
性別	合計	173 100.0	28 16.2	3 1.7	45 26.0	89 51.4	2 1.2	6 3.5
	男性	136 100.0	22 16.2	3 2.2	39 28.7	66 48.5	2 1.5	4 2.9
	女性	37 100.0	6 16.2	– –	6 16.2	23 62.2	– –	2 5.4

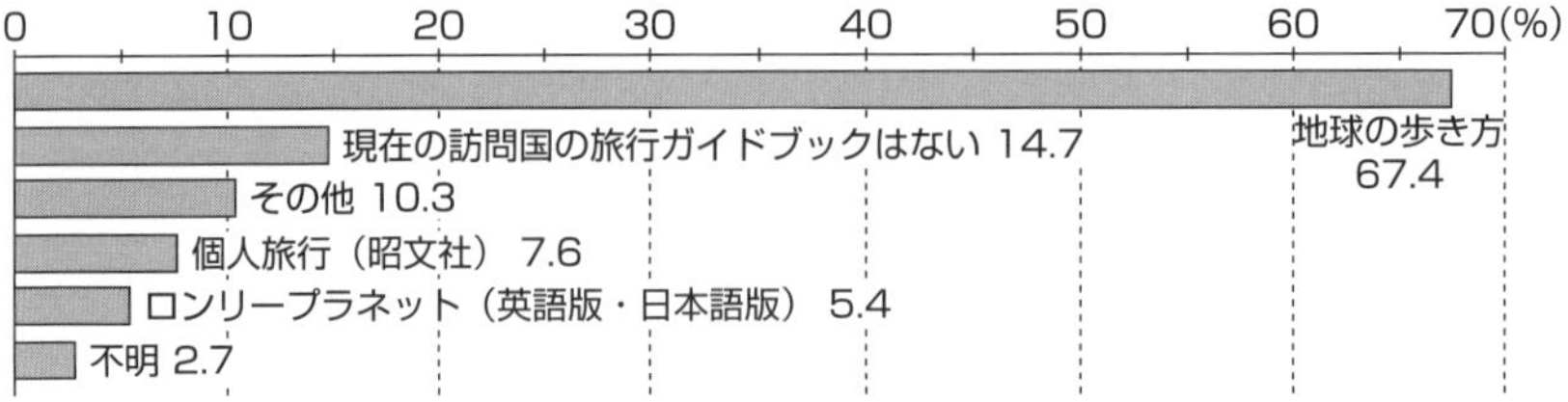

あなたのもっている現在の訪問国に関するガイドブックをお答え下さい（複数回答）

図 5-9　ガイドブック（$n=184$）

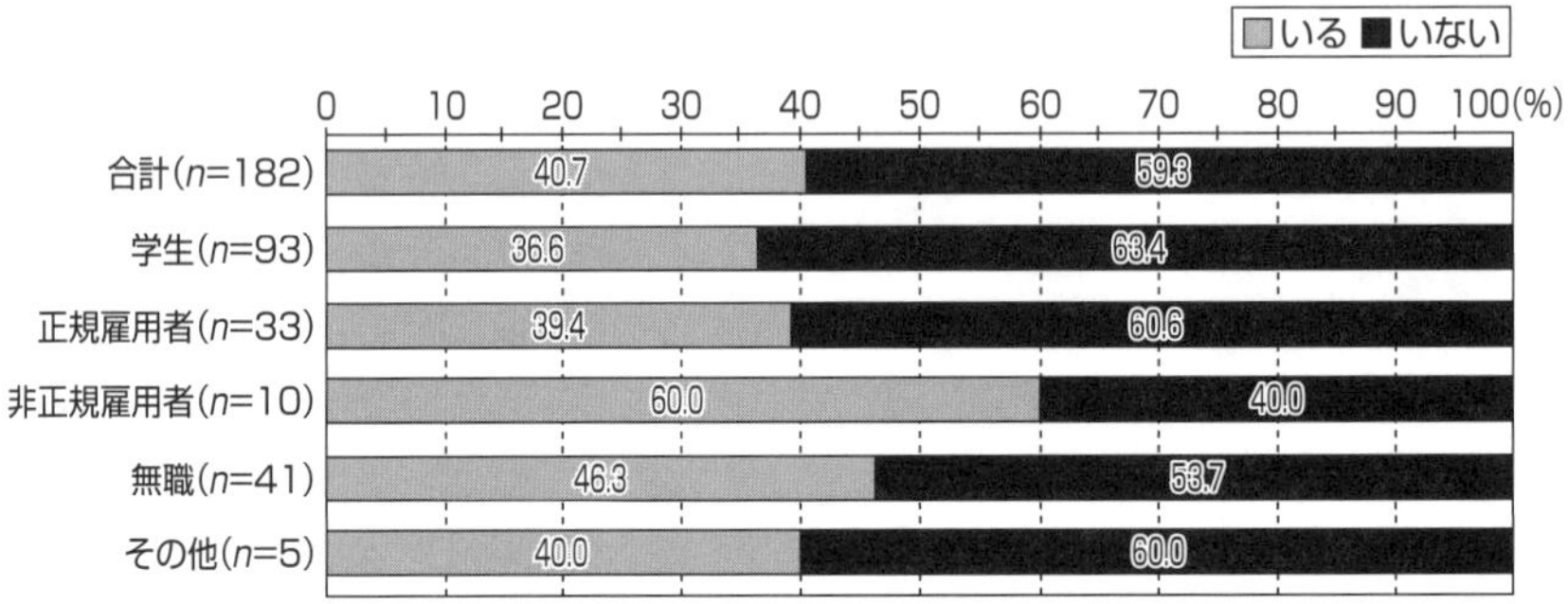

あなたには影響をうけた旅行作家がいますか × 職業 2 の項目

図 5-10　旅行作家からの影響と職業

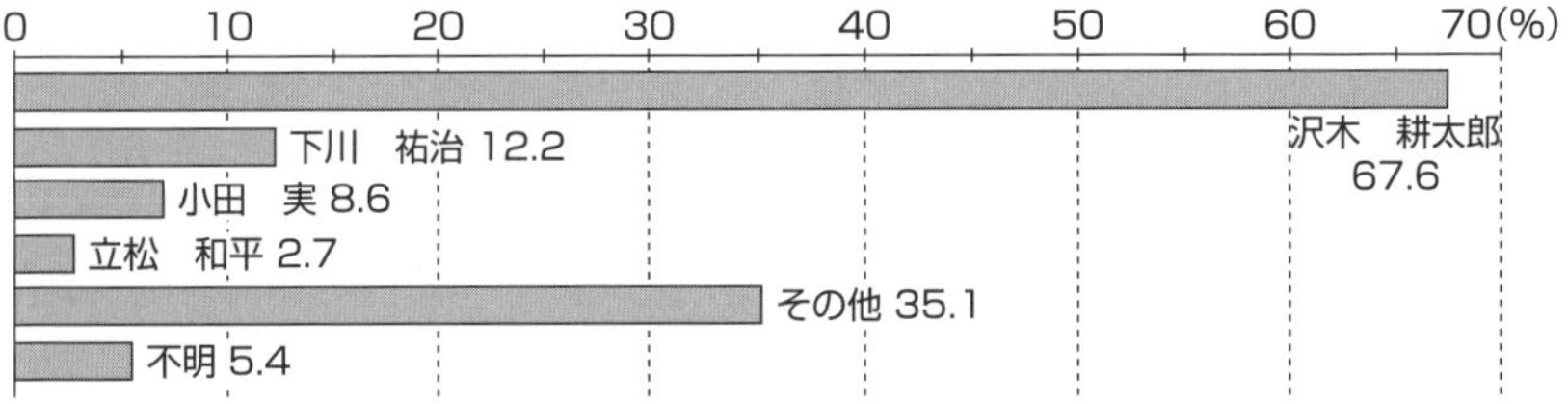

それは誰ですか（複数回答）

図 5-11　影響を受けた旅行作家（$n=74$）

類あり、「英語があまりしゃべれなかったので、鉄道のチケットを購入する際に困りました」（二五歳 男性 正規会社員旅行期間一週間未満）といったように英語が苦手であることと、「中国で英語が使えなかったこと」（二二歳 男性 大学生 旅行期間二週間〜三週間未満）いうように、英語以外の現地語が分からないことである。

言語の次に多いのが、「ベトナムでホテルスタッフにトラベラーズチェックを盗まれた」（二五歳 男性 アルバイト・パート 旅行期間六ヶ月〜一年未満）といったような、盗難被害やぼったくりにあったということであり、一二件あった。健康上の問題も同様に一二件と多く、中にはデング熱に感染した学生もいた。

総じて言えば、アジアのバックパッキングは、やはりまだ危険が伴うものであるようだ。

⑬パック旅行をどう見るか　バックパッカー自身がバックパッキングをどのように価値づけているのか知るために、自由回答方式で「パック旅行」をどう考えるか聞いた。「選択肢の一つとして良いと思う。時間がなく効率よく旅行するためや、海外に不安を持っていて、誰かに頼りたい人などは、パック旅行が都合良いのだと思う」（二八歳 男性無職 旅行期間一年以上）、「別にいいと思う。年を取ったらこんな重い荷物背負って旅したくない」（二二歳 男性 大学生 旅行期間六ヶ月〜一年未満）、「パック旅行も楽しそうだと思いました」（二三歳 男性 大学生 旅行期間一ヶ月〜六ヶ月未満）、「いいと思う。時間も有効に使えるし、安心感もある。バックパッカーも観光客には変わらないと思う」（二六歳 男性 無職 旅行期間三週間〜一ヶ月未満）といったように、バックパッカーの旅のあり方を絶対視しているわけではなく、パック旅行も選択肢の一つとして意識されている回答が、回答全体の三分の二程度あった。

しかしながら、ただ観光地を通り過ぎるだけのパック旅行では経験できない訪問地の生活や文化に深くふれる、あるいはそこで人間関係を持とうとするような、〈実存経験〉を追求しているバックパッカーも多いのである。「ただ高級リゾートにだけ滞在している人は、現地の人々の生活等をあまり知ることができないので、もったいないと思います」（二二歳 男性 正規会社員 旅行期間一週間〜二週間未満）、「楽しくないと思う。行きたいところに自分の力で苦労して行くからこそ価値があるのだと思う」（二五歳 男性 大学生 旅行期間二週間〜三週間未満）、「パック旅行もいいと思いますが、バックパックの方が現地の人だけでなく、旅行者同士ともふれあうことができるので、バックパックにしかない魅力もあると思います」（二一歳 男性 大学生 旅行期間二週間〜三週間未満）、「せっかく違う国に来て、驚きや発見がたくさんあるのに、その機会を減らしているようで、もったいない気がします」（三七歳 女性 アルバイト・パート 旅行期間一週間〜二週間未満）。このように、「人との出会い」「驚きと発見」といった〈自己変容〉につながるような〈実存経験〉にこだわっている意見も三分の一程度あった。

（四） 質問紙調査の結論

この調査で明らかになった現在のバックパッカーの特徴は以下のことである。バックパッカーには学生バックパッカー、社会人バックパッカー、無職のバックパッカーと大きく分けて三種類がある。どのグループも、首都圏在住の若者が多い。旅行期間は、無職、学生、社会人の順で長い。共にリピーター率は高いが、学生の頃からのバックパッカー経験を、就職後も続けていると思われる社会人バックパッカー、社会人をやめて長い旅を決心した無職のバックパッカーは、特に経験回数が多い。また、社会人バックパッカーや無職のバックパッカーは、訪問地のことを深く知ろうとする傾向が学生よりも強く、〈実存的〉な旅行経験を求めていることが分かる。また、男性バックパッカーよりも女性バックパッカーの方が、訪問地のことに興味を持つ傾向があるが、その情報はガイドブックから得ようとする傾向もある。

バックパッカーが求める〈実存的〉経験の中身はもちろん訪問地の文化や生活からのものが多いのであるが、彼らはまた訪問地の住民やバックパッカー同士の人間的な交流も求め実践しており、それらが最も感動を生むような〈他者性〉をもつものであることが分かる。また、この〈実存的〉経験のイメージの多くは、旅行作家から、あるいはガイドブックから得ていることも考えられるが、彼らは、作られた表象に枠づけられながらも、特に、訪問地の人間との偶然的な出会いや生活を介して、〈自己変容〉の経験をしているのではないだろうか。バックパッカーがよく口にする、〈発見〉や〈驚き〉とは、自分独自に見つけた枠組みで、旅の経験を意味づけようとする試みであると思われる。

まとめ

コーエンの旅行者の役割理論によれば、旅行者の経験には、自己変容の度合いが浅いものから深いものまで、「気晴らしモード」「リクリエーション・モード」「経験モード」「体験モード」「実存モード」といった五つのモードがあるという［Cohen, 1974］。このことには、旅行者のカテゴリーが多様であることばかりでなく、一人の旅行者がいくつかのモードを合わせ持つということも意味している［Cohen, 2003］。そして、さまざまな旅行者の体験のなかで、バックパッカーのそれは最も、旅に「実存的」なものを求めていると言える。バックパッカーが誕生した六〇年代後半、七〇年代には、まさにそのような色合いは濃かったであろう。ブーアスティンの観光客批判にあるように、システム化された観光には、〈非日常性〉や〈他者性〉を経験するモードが希薄だと、このころのバックパッカーは感じていたに違いない。システム化され「発見」がなくなった観光に代わって、旅に〈他者性〉を回復することこそ、ヒッピー系バックパッカー（drifter）が求めたものであった。こうして初期のバックパッカーは旅のなかで〈他者〉にふれることにより、〈自己変容〉を経験し、また、訪問地での生活のなかに〈他者性〉を求めていた。そしてまた、既存のまなざしを超え出る「発見」をとおして、既存の「枠組み」を壊そうとしていた。このような〈実存的〉な古層を、現代のパックパッカーもいまだに持っていることを、われわれは確認できる。

しかしながら、そのような古層の上には、消費社会の新しい層が覆い被さっていることも、われわれはまた見てきた。消費的体験の特徴は、ジェット・コースター体験やテーマパーク体験がそうであるように、まさに〈自己変容〉を伴わない、〈消費〉としての〈非日常〉体験なのである。現在のバックパッキングの重要な一要素である〈ゲーム〉としての旅の経験も同様に、〈自己変容〉を伴うような体験ではない。バックパッキングには、〈自律的〉〈実存的〉経験の古層も依然存在しているとはいえ、商業的サービスに依存しない実践には、それなりの体力や旅行の知識や語学力、そして何よりも時間が必要なのである。特にアジアにおいては、格安航空会社、インターネットで予約できる格安ホテル、バスシステム等、バックパッキング産業も次第に増殖してきている。バックパッカーとはいえ、すべてではないが、多くを商業的サービスに依存しているし、インターネット予約システムが進むにつれ、今後、産業依存的部分が拡大することが予想される。

われわれの行った調査からは、バックパッカーが〈自己変革〉を伴うような経験を求めながら、単なる「貧乏旅行」ゲームとしてバックパッキングを楽しんでいる様子も垣間見える。現代のバックパッキングはこれら二つの要素の混合系とも言える。すなわち、現代の観光のテクノロジーを利用しながら〈実存的経験〉もする。反対にその土地でしかできない、あるいは人格的な「出会い」でしか感じることができない〈実存的経験〉も求めながら、ガイドブックをそのままなぞるような「観光」もする。現在のバックパッキングは、パラドキシカルな混合的経験なのである。

システム化した現代社会の〈飛び地 enclave〉(シュッツ)、バックパッキングはいまだにそういった性格を持っている。〈飛び地〉が単なる観光サービスの対象になるのか、あるいはポスト・モダン的〈ゲーム〉の場となるか、あるいは〈他者性〉が息づく〈実存経験〉の場となるのか、今後のバックパッカーの欲望と実践のあり方にかかっている。

〈参考文献〉

Cohen, Erik. (2003). Backpacking: Diversity and Change. *Tourism and Cultural Change*, **1** (2).
――― (1974). Who is a Tourist? *Sociological Review*, **22** (4), 527-552.
アーリ、ジョン. (1990 = 1995).『観光のまなざし―現代社会におけるレジャーと旅行』. (加太宏邦、訳) 法政大学出版局.
新井克弥. (2000).『バックパッカーズタウン・カオサン探検』. 双葉社.
――― (2001).「メディア消費化する海外旅行」『非日常を生み出す文化装置』. (嶋根克己、藤村正之、編著). 北樹出版. pp.111-127.
難波功士. (2007).『族の系譜学―ユースサブカルチャーズの戦後史』. 青弓社.
本城靖久. (1994).『グランド・ツアー―英国貴族の放蕩修学旅行』. 中央公論社.

*本章は、須藤廣 (2008)「消費社会のバックパッカー―日本人バックパッカーの歴史と現状」北九州市立大学文学部紀要 (人間関係学科) 第15巻を加筆、修正したものである。

第六章　エピローグ　ツーリズムの困難とモロカイ島の選択

〈観光のまなざし〉の困難

本書のなかでは、「本もの／偽もの」の区別と対立の議論は避けられてきた。その理由を簡単に言えば、観光対象やそれへの接近や経験の仕方、すなわち観光における文化は、すべて人間の構築物だからである。もちろん観光対象として重要な「自然」は人間が作ったものではない。しかし、それとて観光の対象になるかどうかは、人間が作り、秩序化され、制度化された、認知と評価の実践の在り方（あるいはその枠組み）による。それをわれわれは「まなざし」と呼んできた[1]。そういう意味においては、観光対象はすべて、「まなざし」の構築物であり、それが作り出すイメージであり、幻想なのである。そして、人々が観光対象を歴史的事実として認知したり、あるいは、美しいもの、癒されるものとして評価する、その〈まなざし〉は、観光対象そのものが持っている〈本質〉が作り出したものではなく、社会的に構築されたものである。したがって、その〈まなざし〉の在り方は、視覚の在り方の変容をうながすような乗り物等の技術やメディアの革新、〈まなざし〉を一方に誘導しようとする政治的な力（これについては第三章、四章で見てきたとおりである）、あるいはそれらを使って欲望のフロンティアを拡大し続ける消費社会の進展（第五章にそれを見た〉によって変動する。本書のなかでは、このような〈まなざし〉の変動について扱ってきた。もともと社会的な構築物である〈まなざし〉、あるいは〈まなざし〉の対象に、「本もの」も「偽もの」もないのである。

しかし、観光に「本もの」も「偽もの」もないと言うことと、それぞれの形態の観光が抱えている、それぞれの「矛盾」を見つめることとは別である。もちろん、「矛盾」を見つめたからといってすぐにその解決方法が見つかる訳ではない。そのような意味においては、観光社会学はすぐに実践的な問題を解決するような学問ではない。しかし、問題の出所が見つかれば——たとえその根本的な解決が不可能であったとしても——現在のやり方をよりベターな道へ誘導することはできる、あるいは「限定つき」で実践的提言をすることはできるのである。

以上の理由から、この本のなかでは、現代の観光の根本的「矛盾」を取り上げ問題にしてきた。また、近代以降の観光と対比させ、その特徴を浮き彫りにするために、近代以前の観光の在り方の〈理念型 ideal type〉を提示してきた。〈理念型 ideal type〉は「理念 idea」のなかだけに存在するモデルであり、実在するものではない。例えば筆者は〈ホスピタリティ〉の〈理念型〉について、他者を受け入れ、そうすることによって自らも変わるような——何かの手段ではなく、それ自体が目的であるような——人格的相互関係のことであると示した。観光のなかにおいて、このことが、開かれた〈実存的〉関係として、完全に成立することなど、実際には過去にもなかったであろうし、これからもないであろう。しかし、こうして〈理念型〉を設定することによって、自己変容などまったく伴わない、商品

1　「まなざし gaze」という言葉は、もとはM・フーコーの用語による。フーコーは考古学の手法を使って（特に前期の著作においては）、社会的に構築された視覚の在り方を「まなざし」と呼び、それが近代における「真理」や人間コントロール技術を産出してきたという。フーコーの分析概念である「まなざし」は、知の専門家（例えば医師）が作り出し、社会的に制度化される「ものの見方」であるが、近代以降の観光の「まなざし」は、観光の専門家が作り出すもの（例えば「観光化カリスマ」の言説）ではなく、近代の交通の発達やメディアの在り方、あるいは消費社会の消費の在り方が、作り出すものである。こういった観光における「まなざし」概念の曖昧さは、観光の「まなざし」概念を作ったアーリも認めるところなのであるが[Urry, 2002]、批判も多い（例えば［安村, 2004］）。しかし、筆者は、特に視覚が優位となる近代以降の観光の分析概念としてこの概念は、メディアやテクノロジーとの関連、消費社会の変容との関係をとらえるうえで非常に有効なものであると考える。

としての、現代観光のなかの〈ホスピタリティ〉——第一章で示したように、これもまた〈理念型〉であり、完全な形ではありえないのだが——の矛盾について明らかにすることができるのである。〈理念型〉を示し、それが示す差異と相同性を見つめることによって、現代の観光の問題点を浮き彫りにする方法をこの本ではとった。

こうして浮き彫りにした問題を考えるために、第一章補論で論じた近代における温泉地の変容について、もう一度例にとってみよう（第一章補論では他のテーマも重なっていたので、ここでは〈まなざし〉の問題として単純化してみる）。交通機関の発達によって近代観光は、速度による時間の短縮、それによる行動範囲の広がりを得た。しかし、列車やバスの中から「見る」主体と、「見られる」自然、文化、人間という客体とは、車窓という「境界」によって分断されてしまったのである。近代観光地に必ずある塔も同じ構造を持っている。塔の上から見る主体と、塔の下の「見られる」客体は分断されている。バスガイドが車窓に語りかける「ものがたり」は、バスの中だけで完結し、バスの外側の人間はそれによって感動することも、傷つくこともない。塔から見る景観に感動することはあるだろう。でも、感動されるものとの交流はあらかじめ切断されているのである。少なくとも、実際の人間関係のなかではよくあるように、お互いに直接「傷つけ合う」ことはない。また、観光が消費社会の重要な手段になっていることも——〈観光のまなざし〉の問題と同様に——現代の観光において、主体と客体とが分裂する関係を作り出すことに大いに寄与している。消費社会の原理のなかでは、観光対象はあくまで消費の客体なのであり、消費の主体たる観光客自身は、観光地の一つの風景として客体になることはあっても、「自己変容」する〈実存的〉な主体には——原則的には——ならない。また、こういった「車窓」に隔てられた〈まなざし〉の「消費主義的」在り方は象徴的なものである、ということもおさえておこう。象徴的な経験をとおして確立した〈まなざし〉の習慣が、「見るもの」と「見られるもの」との関係の在り方を決定している、そのことが重要なのである。すなわち、間に窓がない場合でも、「見るもの」は「見られるもの」によって変容することはないし、またその逆もない。

観光学でよく使う言葉に〈環境保護膜 environmental bubble〉という用語がある。観光地で異文化体験を求める観光客は、実は異文化の〈他者性〉すべてを経験しようとしているのではなく、自分たちが馴染んでいる文化にどっぷり浸かりつつ、自分の殻を壊すものから守る〈保護膜 bubble〉の内側から、その〈他者性〉を眺めているに過ぎない、という意味合いが、この言葉には含まれている［Cohen, 1972］。筆者がよく訪れるバンコクのカオサン地区においても、食事の大半はマクドナルドで済ませている欧米人バックパッカーをよく見かけるし（実は、筆者もカオサン通りのマクドナルドをよく利用するのだが）、また、日本人バックパッカーのなかにも、日本語漫画喫茶に一日中引きこもっていたり、日本人しか集まらないところで一日中群れて、日本の話題で盛り上がっている者も多い。また、カオサン通りが「バックパッカーの聖地」だという話を聞きつけて、ここの雑然とした〈他者性〉を一日垣間見ようと、高級ホテルに泊まっているパックツアー客がやって来ることもある。傷つかない安全な場所から、〈他者〉を眺めるという姿勢は、対象を客体化し「自己変容」を極力避けるという態度の現れであると言える。[2] このように観光地を客体化する態度は、近代のテクノロジーと観光の市場化が作り上げたものであり、列車やバスの車窓から風景を眺める観光の在り方にその起源がある。第五章で論じたように、バックパッカーといえども、こういった近代観光の矛盾した習性のなかにいるのである。また、こういった対象客体化の究極の姿は、われわれが第二章でカヤン族の観光化に見てきたとおりである。

観光における〈非日常性〉追求の困難

また、観光の中核に存在する〈非日常性〉の追求が、近代観光においては矛盾を抱えることになることは第一章を中心に論じた。〈非日常〉と〈日常〉との境界が曖昧になることにより、あるいは〈非日常〉が日常化することによ

2　バックパッカーが持つこの傾向を自己弁護すれば、バックパッカーはいつも「自己変容」を迫る刺激に囲まれているので、時には「一休み」したいということもあるということである（いつも屋台で食べていれば、たまにはマックに行きたくなる）。だが、「環境保護膜」から外に出ようとしない「外こもり」の若者もカオサン近辺にはたくさん存在してはいるのも事実である（これについては下川裕治が詳しく取り上げている［下川, 2007］）。

り、〈非日常性〉が持つ〈聖性〉が摩耗していくことを、M・ウェーバーの言葉を使って〈世俗化〉、〈脱魔術化〉と呼んだ。次に、文化論の視点から論点を、もう一度まとめてみよう。

近代の文化一般が〈聖性〉を求めながら、いや求めるがゆえに〈世俗化〉の矛盾に晒されてゆくことは、様々な領域の文化論において、様々な形でテーマとなっている。例えば、日常の〈俗〉文化を排除することにより成立している「学校」の「聖なる」〈非日常〉文化が、〈非日常性〉と〈日常性〉の境界を曖昧にする消費文化によって―あるいは学校の〈合理化〉、〈官僚制化〉によって――消耗してゆくことがあげられよう［須藤, 1996：潮木, 1974：189-204］。近代観光における〈非日常性〉の消耗は、学校教育における〈非日常性〉の消耗と相同性を持っているのである。近代観光も学校教育も、〈聖性〉を摩耗させる合理化された近代（あるいはポスト近代）において、伝統的な〈聖性〉の追求を「人工的に」組織化したものだからであろう［バーンスティン, 1996 = 2000：95-140］。学校教育においては、〈聖性〉を守り抜くための対処方法は、〈俗〉なる〈日常〉を校内に侵入させないことである。[3] こうして、特に中等教育においては、校内と校外を隔てる境界を高く再構築しようとする傾向――つまり学校の再秩序化[4]―が図られる（大学においては〈聖性〉を消耗させながら、教育の商品化が進んでゆく）。観光においては、ディズニーランドが塀を高くして外の日常を見せないように注意を払いつつ、外に向けてはその「商品」を浸透させていったように。学校教育も観光も〈聖なるもの〉の消耗という矛盾とこれからも戦わざるを得ないだろう。

3　こうした背景から神戸高塚高校「校門圧死事件」（一九九〇年）が起こる。また、一九九五年に福岡県飯塚市近大付属女子高校において起こった、教師による生徒殺害事件の動機は、生徒のスカート丈が短かすぎるという単純なことであった。ここからも、消費社会の〈俗〉なる価値の侵入による〈聖性〉の消耗に、学校がいかに神経を尖らせていることかが分かる。

4　筆者と筆者の同僚の作田が二〇〇七年に行った高校生の時系列調査によれば、前回の調査（一九九九年）に比べ、どの学校レベルにおいても秩序化が進み、高校生が学校秩序に「形式的」に順応していることが分かる［須藤、作田, 2007］。学校への不審者の侵入を防ぐために「塀を高くする」ということとは、とりあえずここでは関係がないことに注意。

観光における〈アウラ〉の消滅

また、観光の〈聖性〉の消耗とその〈再魔術化〉については、芸術の向かう方向との相同性を見ることもできる。これについては、ベンヤミンの写真論が参考になる［ベンヤミン，1931＝1995］。ベンヤミンによれば、メディアにおけるテクノロジーの発達が複製芸術を生み出し、そのことによって芸術から〈アウラ〉が奪い取られてゆくと言う。その典型が「写真芸術」である。ダゲレオタイプという針穴写真機にも似たカメラの原型の時代、写真は露光時間が長く、ちょうど肖像画のモデルがキャンバスの前に長くいなければならないのと同じように、被写体はカメラの前に同じ姿勢で長くいなければならなかった。ダゲレオタイプの時代には写真を撮ってもらうことと、肖像画を書いてもらうことは同等のものだったのであり、そこには芸術としての〈アウラ〉がまだ存在していたのである。しかし、カメラ技術の発達は、写真を現実の複製へと駆り立ててゆく。証拠や記録として写真が使われるようになると、写真芸術から〈アウラ〉が次第に消えてゆく（だからこそ、〈アウラ〉をねつ造する写真も流行ったのであるが）。人気のないパリの通りを撮るアジェの作品を評して、ベンヤミンが「芸術からアウラを掻い出す」と表現しているように、被写体から〈アウラ〉を「解放」したところから写真芸術は出発したのである。「沈んで行く船から水を掻い出すように」［ベンヤミン，1931＝1995：570］〈アウラ〉を掻い出された写真芸術、あるいはそこから発展していった映画芸術は、従来の芸術とは違った役割を演じてゆく。例えば、スローモーション映像は対象の「無意識」を描き出す。〈アウラ〉が消えたスクリーンには、赤裸々の「無意識」が映し出される。複製芸術は伝統が担保している〈アウラ〉とは違った道から、「美」を引き出すようになるのである。複製芸術が幅をきかせるようになったこの時代に、ダダイズムのような、異化作用によって〈アウラ〉を破壊する――そのことによってはじめて成立する――芸術が興隆し、それが現代のポスト・モダニズム芸術へとつながってゆくのも、複製芸術による〈アウラ〉からの「解放」があったからである。[5]

〈アウラ〉とは一体何か。ベンヤミンは『写真小史』のなかでこう述べる。〈アウラ〉とは、「空間と時間が織りなす不可思議な織物である。すなわち、それほど近くにであれ、ある遠さが一回的に現れているものである」[ibid.:370]。そしてこの後、『複製技術時代の芸術作品』にも登場する、〈アウラ〉を巧みに表す、あの有名な文章が続く[ibid.:370]。

夏の真昼、静かに憩いながら、地平に連なる山なみを、あるいは眺めている者の上に陰を投げかけている木の枝を、瞬間あるいは時間がそれらの現れ方にかかわってくるまで、目で追うこと——これが山々のアウラを、この木の枝のアウラを呼吸することである。

これらの文章では、「一回性」ということが強調されているが、「一回性」が表しているものとは何か。「不思議な織物」とベンヤミンも表現しているように、それは言葉にできない「何か」なのであるが、またそれは「空間と時間が織りなす」という言葉が付属していることから分かるように、「いま、ここ」の裏側に成立している、歴史的、地理的「つながり」——今が過去と地続きであり、ここがそこと地続きであるという連続性——の感覚である。そしてまた、それは、空間的、時間的「つながり」のなかで、人々によって理解されている——作品そのものが本来持っているとされる〈本質〉ではなく——作品をめぐる〈共同幻想〉、すなわち〈コンテクスト〉としての「意味」なのである。そういったものを、「いま、ここ」から自由な複製芸術が廃棄してゆく。複製芸術は、「アウラ」を廃棄する行為をもって逆に、〈コンテクスト〉や「意味」は作品そのものが〈本質的に〉持っているものではないという事実を浮き立たせる。この異化作用を表現に使うことによって——ブレヒトがそうしたように——「美」を実現させるチャンスにもなるのだが。

5 その典型が、機能性を失った「ゴミ」(例えば男性便器や自転車の車輪)を美術館に展示し、従来の「アウラ」の構造を暴くマルセル・デュシャンの作品群である。

さて、ここで観光の〈アウラ〉に話を戻そう。先ほど〈アウラ〉とは「いま、ここ」との「つながり」がつくり出す、歴史的、地理的な〈共同幻想〉としての〈コンテクスト〉なのだ、と述べた。複製テクノロジーが芸術から「いま、ここ」の一回性を奪っていったように、交通機関、ホテル等の〈環境保護膜〉、旅行代理店、保険、外国人病院、インターネット等々、観光に関するテクノロジーの発達が、観光から「いま、ここ」が持っている時間的、空間的「つながり」、すなわち〈アウラ〉を奪ってゆく。もちろん完全に場所の「コンテクスト」や「意味」のない観光地などあり得ない。[6]だがしかし、これまでしばしば取り上げたように、観光客と地元住民とが共有するはずの〈コンテクスト〉や「意味」は、観察の対象、消費の対象となることにより、消費者である観光客に分かりやすいように作り変えられる。こうして、観光対象の〈コンテクスト〉や「意味」は、観光地や観光地住民の「いま、ここ」といった「生きられた日常」との「つながり」を絶ってしまう。

テーマパーク観光がその典型であろう。テーマパークはそれらが存在している「場所」の「いま、ここ」との「つながり」がない(ハウステンボスは長崎とオランダとの「つながり」を強調するが、かなり無理がある)。ディズニーランドを見れば分かるように、むしろ「いま、ここ」から完全に切れているところにこそ、テーマパークの「意義」が存在している。ディズニーランドは「アウラ」の消滅を前提としているのである。空間と時間の「つながり」から産出される〈アウラ〉が作り出す〈場所〉の〈コンテクスト〉を、〈アウラ〉に代わって、空間と時間から自由な〈資本〉が人工的に作り出す。このことこそ、ディズニーランドが示す、現代観光の〈再魔術化〉の正体なのである。

観光がテクノロジーに依存するようになった今日、観光対象に〈アウラ〉の存在を期待するのは難しいだろう。近代は〈アウラ〉の消滅という宿命のもとにあると言った方がよさそうである。しかし、観光とは場所の〈コンテクス

6　したがって、観光における「アウラ」を暴いたり、廃棄することによって観光を楽しむ、観光「ダダイズム」の可能性はほとんどありえない。廃墟(現代の廃墟)観光、あるいは「観光廃墟」観光といった観光の在り方は存在してはいるが、あまり趣味のいいものとは言えない。

ト〉や「意味」を〈非日常〉として楽しむ行為である。したがって、〈アウラ〉なき後、〈アウラ〉を霧散させるような社会的条件のなかで、観光地はなお――多くの場合、資本や政治の力に頼りつつ――〈コンテクスト〉や「意味」を人工的に作り出そうとするだろう。〈アウラ〉の消滅というところから現代の観光を見たとき、やはり近代観光の矛盾が浮き彫りになる。

以上、〈観光のまなざし〉の矛盾、観光における〈非日常性〉追求の矛盾、観光における〈アウラ〉追求の矛盾についてまとめた。ここから、これからの観光の在り方を提言することの困難はいうまでもないことである。この章の始めに述べたように、この本は提言のための本ではないが、可能性に向けた「条件」を示すことならできる。すなわちそれは、以上あげた諸矛盾を理解しつつ、その罠にはまらないような隘路を探すということである。

次に、ハワイ諸島のなかで最も観光化から遠かったモロカイ島における文化観光づくりの例を取り、現代の観光の罠にはまらない隘路を行く可能性と、そのことの困難について報告することによって、この本を締めくくりたいと思う。

土地に呪縛される島、モロカイ

モロカイ島はマウイ島のすぐ隣に位置するハワイ諸島で五番目の大きさを持つ島である。人口は約七千四百人しかなく、その内の約四割が五〇％以上のネイティヴ・ハワイアンの血を持つ［Maui County, 2001］。個人所有であるニイハウ島を除いて最もネイティヴ・ハワイアンの人口比率が高い島である。一九世紀後半からこの島は、ハンセン病患者のセツルメントがあり、二〇世紀の初めから始まったハワイ諸島の観光化から、しばらくは無縁の土地であった。二〇世紀に入ると、サトウキビ、その後はパイナップルと、一九七〇年代前半までは農業が主な産業として引き継がれ、それなりに島民の雇用と島の経済は成り立っていた。しかし、フィリピン等アジア諸国でパイナップル生産が盛んになると、一九七六年にドールが、一九八三年にデルモンテが操業停止に追い込まれた。パイナップル以外の産業はほとんどなかった一九七五年には失業率が一気に二〇％を超えるに至る。[7] 人口増加も一九五〇

写真 6-1　マウイ島カアナパリから見たモロカイ島。洗練されたリゾートの島マウイとは対極の世界だ。

年の五千三百人から一・四倍程度であり、三倍になったオアフ島やマウイ島（二〇〇〇年でオアフ島は約八八万人、マウイ島は一二万人）と比べると、いかにも「取り残された」島であることかが分かる[Schmitt, 2002]。

この島の開発の問題を大きくしているのは、島の土地が一企業に占有されていることにある。モロカイ島の利用可能な土地面積は約一六万六千エーカーであり、その内、五万六千エーカーをモロカイ・ランチ（Molokai Ranch）という一企業が所有している。数字上は島の利用可能面積の三分の一ではあるが、耕作が可能な平地は西側半分に偏っており――そこが以前はパイナップル畑だったのであるが――その部分を占めるモロカイ・ランチ所有の土地を抜きにこの島の開発は不可能なのである。こういった大土地所有は、ハワイ諸島全域に見られるのであるが、これは、一八九八年のクーデターによってハワイ王朝が崩壊するまで、ハワイの土地は原則としてカメハメハ王家が所有しており、個人が土地を所有するという習慣がなかったことによる。[8] 一九世紀末からサトウキビ栽培やパイナップル栽培が盛んになると、王家は広大な土地を製糖プランテーションやパイナップル・プランテーションに賃貸したり、売却したりした。[9]

7　二〇〇〇年の失業率も約一四％なのだが。

8　一九世紀末（一八九八年まで）にはカメハメハ王家最後の女王であるパウアヒ王女の夫、チャールズ・ビショップがこの大半を所有していた。

9　カメハメハスクールという学校を運営する旧王家系財団の資金難のために売却したとも言われている。

モロカイ・ランチの土地もそのなかの一つであり、一八九八年にカメハメハ家がホノルルの投資家に二五万一千ドルで売却したものである［Nilsen, 2003］。そしてその後、水問題[10]から、モロカイ・ランチは、一九〇八年にハワイの五大財閥の一つであるキャッスル＆クックに売却され、その後パイナップル・プランテーションを運営するドールとデルモンテがその土地を使っていたのであるが、デルモンテが島を出て行った一九八八年、モロカイ・ランチはニュージーランドの投資会社（Brierly Investment）に売却され、以降、観光のために開発されることになる。[11]

モロカイ島の観光開発と反対運動

ドールのパイナップル畑があった島の西のはずれマウナロアに、モロカイ・ランチはホテルを建設（シェラトンがそれを運営）し、その近くにサファリ・パークを作った。また、そのシェラトン・ホテルがあるマウナロアから北東に五マイル程のところにある六千七百エーカーの土地（カルアコイ地区）が、モロカイ・ランチからルイジアナ開発（Louisiana Land and Exploration Company）に売却され、さらに一九八六年にはそれを、バブルに沸く日本のデベロッパー[12]（東京興産）が購入し、コンドミニアムとゴルフ場を建設した。他島から一歩遅れて、一九八〇年代の後半に始まったモロカイ島の本格的観光化は、しかしながら、一九六〇年代から観光化が進んだ他島とは違った経緯[13]、す

10　水問題が長くこの島を悩ませている。
11　現在この会社のオーナーは二人のマレーシア人と一人のニュージーランド人であり、本社はシンガポールに移ったと言われている。
12　隣のマウイ島では、西武グループと熊谷組がワイレア、マケナ地区に巨額の投資を行い、一九八六年には三〇〇室のマウイ・プリンスホテルを開業している。
13　一九六〇年代からリゾート開発が進んだ、隣のマウイ島では、一九七五年には約九〇万人であった観光客の数は八五年には一八〇万人になり、二〇〇〇年には二二〇万人を超えている。一方、モロカイ島の観光客は、一時的に開発が進んだ一九八〇年代からずっと変わらず、年間六万人程度である。

写真 6-2　観光化とはほとんど縁がない，モロカイ島の中心地カウナカカイのメインストリート。

なわち反対運動にあった開発業者が開発から撤退する、という経緯をたどることになる。[14]

この島において、観光開発業者と地元住民との対立を引き起こしている第一の原因は、先ほどから取り上げている土地問題である。この島では観光開発の計画は、土地のオーナーであるモロカイ・ランチの意志で決まってきた。もちろん、失業率が一〇%[15]を超えるこの島では、観光による雇用はのどから手が出るほど欲しいのである。観光で得た収益の多くは外部の業者に持っていかれてしまうにしても、雇用は魅力なのだ。それを知っているモラカイ・ランチは、開発賛成派の従業員のバックアップも受けつつ、生態系を破壊しかねないサファリ・パークの事業なども強行していった。[16] しかし、水源が限られているモロカイ島では水不足がネックとなった。特にモロカイ・ランチが持つ広大な土地には、ホーム・ステッダーの土地が隣接している。[17] 開発業者の意志で観光開発が策定されたとしても、水源を同じくするホーム・ステッダーに反対されたら、水の安定供給が保障されない。[18] したがって、現在では、開発業者が、観光開発を行うためには、住民

14　一九八一年には、日本のデベロッパー（長谷工ＵＳＡ）が中心に進める、カウアイ島ヌコリイ地区の観光開発で、激しい住民の反対運動が起こっている。住民投票では反対派住民が勝ったのだが、その後の裁判では開発側が勝っている［一九八一年三月一日、イースト・ウェスト・ジャーナル］。

15　二〇〇〇年の失業率は、マウイ島三・八%に対してモロカイ島が一四%にも上る［Maui County, 2001］。

16　千五百ドルを出すと、動物を銃でハンティングすることもできた［Friary, 2000］。

と開発業者の委員会（Enterprise Community、ECと呼ばれている）で話し合いをせざるを得ない状況になっている。[19]

ネイティヴ・ハワイアンの島民にとっては、観光開発はそれから得る雇用という利益よりも、彼らの誇りと土地が奪われる損害の方が大きいのである。特に、外の業者による開発が進む島の西側（マウナロア・エリア）には、「エイアウ heiau（神殿）」やハワイで最初にできたフラの学校跡、呪術師（カフナ kahuna）が住んでいた場所等、彼らが伝統的に「神聖な」場所として守ってきた所が多く含まれている。そして、何よりも彼らが嫌うのは、土地が「ハオリ haole（白人を指す逆差別用語）」たちに奪われることである。彼らの土地に対するこだわりには二つ理由がある。一つは土地の値上がりである。モロカイ島の住宅地はこの十年で二倍以上の値上がりを見せている。このことは、土地を持っている島民にとって一見よさそうなことのように思われるのだが、実際に「売るほど」土地を持っているのは、モロカイ・ランチか米

写真 6-3　公開で行われている住民の委員会（Enterprise Community）の討論会（Community Meeting では観光開発反対派の住民が圧倒的に多い。

17　一九二一年に施行された Hawaiian Homes Act によって、ネイティヴ・ハワイアンたちは、自分たちの住居のある土地を九九年間使う権利を得た。この権利を得てハワイアン・ホーム（先祖伝来の土地）に住むネイティヴ・ハワイアンをホーム・ステッダーと呼んでいる。この土地は、現在では分割して相続することもできる。

18　一九八〇、九〇年代には、リゾートのいくつかのエリアが、観光開発反対運動家のグループによって、水の供給を妨害されている。また、観光開発に合わせて呼び込んだクルーズ船への水の供給も妨害される事件があったと言う。

19　住民から選挙で選ばれる委員と委員の合意で選ばれる専門家の委員がいる。現在四〇の案件を抱えていると言う。

国本土から来た金持ちであり、彼らには売る土地などない（土地を持っていても固定資産税ばかりが増える）。また、彼らの子どもたち（子だくさん家族が多い）は、家を借りている場合が多く、その家賃もまた急速に値上がりしている。つまり、結局、土地の値上がりでネイティヴ・ハワイアンたちが島から追い出されているのである。もう一つは、先に触れた土地の「神聖さ」と関係があるのだが、彼らは土地に先祖の魂が存在していると信じていることである（特に株分けをするタロイモの元株 huli は先祖であり、タロの水田には先祖の魂が宿っていると信じている）[20]。彼らにとって、そもそも土地は売り買いするモノではないのだ。このようなことから、一九八〇年代より、この島では数々の開発反対運動が行われており、日本の開発業者も一九九九年には撤退を余儀なくされ、また、二〇〇三年にはシェラトン・ホテルも撤退している。日本のデベロッパー（東京興産）が開発したリゾートはモロカイ・ランチに買い戻され（個人に売却された物件は除いて、コンドミニアムは閉鎖しているが、ゴルフ場は再開している）、シェラトン・ホテルとともにあったサファリ・パークも閉鎖した[21]。現在島内で稼働しているホテルはわずか二軒、コンドミニアムが四軒であり、部屋数は全体で四百強しかなく、部屋数が一万七千以上あるマウイ島と比べるといかにも少ない。また、一日平均の訪問客数も一九九五年には一三八九人あったものが、二〇〇〇年には九五〇人と減っているのである（マウイ島は各四万人から約四万二千人へと増えている）[Maui County, 2001]。

ラスト・リゾート

ネイティヴ・ハワイアンを中心とするモロカイ島の島民は、現在、すべての観光に反対しているわけではない。彼

20 土地とタロと先祖はすべて同一のものであると彼らは考える。西欧的な発想からは理解不能であることをネイティヴ・ハワイアンたちも知っている。
21 サファリパークは一九九八年に営業を停止した。モロカイ・ランチは代わりに多数の牛を飼うようになった。

らの土地を守るための観光、彼らの文化を島外の人たちに理解してもらう観光に、彼ら自身が取り組み始めた。そのなかの一つ、ハラヴァ谷（Halawa Valley）の自然を保護し、タロ・パッチ（タロイモの水田）を再興し、エコ・文化観光を創造する運動について報告しよう。筆者はこの運動のリーダーの一人の所に、ここ五年来何度か通い、さらに、二〇〇六年の冬には二週間滞在してフィールド・ワークを行った。以下、彼らが再興しようとしているネイティヴ・ハワイアンの文化と、それを紹介する観光とはどのようなものなのか簡単に紹介し、ほとんどすべての観光化に反対してきた運動家たちが、まさに最後の手段（the last resort）として行き着いた自前の「観光地づくり」とはどのような意味を持つものなのか考えたい。

写真 6-4　モロカイ島の東の端にあるハラヴァ谷，ここからは海峡を挟んで対岸にあるマウイ島がよく見える。

ハラヴァ谷は、ハワイ諸島のなかでも、最も早くネイティヴ・ハワイアンたちが住み着いた場所の一つであり、七世紀には既にモロカイ島の先祖たちはここにいたのである。少なくとも一九四六年までは、タロ・パッチが谷の平地一面を覆っていた。ここには、約五〇〇人のネイティヴ・ハワイアンたちが、電気もない伝統的な生活を続けていた。しかし、一九四六年と一九五七年の二度にわたって襲った津波とともに、伝統的な生活とタロ・パッチはいったん海に押し流されてしまった。多くの住民はその時、谷を出て行ったが、数家族はそこに残り、タロ・パッチを復興し、伝統的な生活を続けた。そして遂に、一九六四年の大洪水でタロ・パッチと灌漑用のダムは修復不能なほど破壊され、この谷に住む数家族も全員ここから三〇マイル程離れた島の中心の町（カウナカカイ）へ、引っ越しを余儀なくされた。この時に、この島におけるネイティヴ・ハワイアンの、千年以上続いた伝統

写真6-5　復興中のハラヴァ谷のタロ・パッチ。筆者は，水田のあぜ道の雑草刈りとダム造りの手伝いをした。午後2時頃には仕事が終わり，その後は夕方までタロ・パッチを眺めながらビールを飲むのが日課だ。

的な生活は途絶えることになる。当時、島の東の端にあるこの谷へは舗装されていない狭い道が一本あるだけで、[22]一族以外に人がめったに入る場所ではなかったため、その後はほとんど訪れる人もいなかった。そこにアメリカ本土からヒッピーの一団がやってきて勝手に住み着き、一九七〇年代にはこの谷は、一面マリファナ畑になっていたという。

筆者がこのフィールド・ワークで世話になったアキ氏は、現在はアメリカ本土から来た白人の奥さんと二人で（子どもたちはみな成長して家を出た）、島の人口が集中しているカウナカカイの町に住んでいるのだが、一九六四年の洪水までは、ハラヴァ谷の小川のほとりに電気のない一家の住居があり、三世代が同居し伝統的な暮らしをしていたという。アキ氏はこの谷に九歳まで住んでいたのだが、チャント（詠唱）やメレ（フラに伴う歌 mele）やフラ（hula）[23]等、彼の知っているネイティヴ・ハワイアンの伝統的な文化は、その時に祖父から習ったものである。筆者は二週間、町にあるアキ氏の家に居候させてもらいな

22　現在でも車の離合が難しい狭い道だが、舗装され、谷の入り口までは誰でも行くことができるが、個人所有の谷には無断で入ることはできない。

23　フラはチャントやメレを伴った踊りであるが、これは自然や神や首長や先祖を崇めるため（性を謳歌するものもあったが）の儀式に使われるものであり、元来男性によって演じられていたが、二〇世紀になってからの観光化で、女性がなまめかしく踊るようになった。

がら、彼の車で毎日ハラヴァ谷に通った。

二〇〇三年、アキ氏は、数十軒にも及ぶこの谷の土地の所有者の内の一六軒をまとめ上げ[24]、共同組織（Halawa Valley Cooperative）のリーダーになった。それまで彼は、先に触れたシェラトン・ホテルで働いていたのだが、二〇〇三年にシェラトンがモロカイ・ランチから撤退してから、彼はハラヴァ谷を再興する運動に専念することを決心した。二〇〇三年まで彼は、ホテルに勤めながら、この谷でネイティヴ・ハワイアンの文化を紹介する文化ツアーを手伝っていた。このツアーは、一九九八年に彼の叔父のフィリーポが始めたものである。ツアーを作ったフィリーポからノウハウを教えられていたので、二〇〇三年にアキ氏が叔父から独立し、ツアーを運営するのはあまり困難ではなかった。共同組織はＮＰＯとして、国や州の補助金を得ながら運営している。アキ氏たちの運動の目的は、あくまでも先祖の土地を取り返し、伝統的な文化を再興することにあるのだが、アキ氏がガイドになって行っているこの文化ハイキング・ツアーも、共同組織の活動資金として最も重要な事業である。共同組織はＮＰＯとして毎年、政府や州に文化と自然保護のための補助金（grant）を申請している。二〇〇三年の初年度は、タロ・パッチの保存・保護のために二万五千ドルの補助金を国から受けた。その後二〇〇六年には、農業ツーリズム（Agra-tourism）の運営事業として四万ドルの補助金が下りた。補助金も次第に増加していってはいるのだが、ここではアキ氏の他にアキ氏の兄夫婦も働いており、また時々他の親戚の手を借りることもある。補助金とタロイモの収益だけでは、人件費や運営費のことを考えるととても足りない。最も安定した収入が文化ハイキング・ツアー（Halawa Taro Restoration Cultural Hike）によるものであり、農地の開墾の方は、兄夫婦にまかせ、アキ氏はハイキング・ガイド中心の生活を送っている。

文化ハイキング・ツアーは、谷にあるネイティヴ・ハワイアンの生活の跡や宗教的な場所を紹介しながら谷の最も奥にある滝まで四・五マイルの山道を歩く、往復四時間から五時間のものであり、料金は一人七五ドルである。シェ

24　所有者が不明の土地もあり、現在のところ一六人のオーナーがこの共同組織に参加している。

写真6-6　ローレンス・アキ（Lawrence Aki）氏のHalawa Taro Restoration Cultural Hike。毎日ほぼ同じメニューなのだが，彼はけっして手を抜かない。

ラトン・ホテルが撤退した後、モロカイ・ランチが独自に運営しているホテルの他、小さなホテルやコンドミニアムに泊まっている観光客が、ホテル等のフロントをとおして申し込むケースが多い。島のツアーは他にもあり、多くはカウナカカイの町にあるアウトドア・ショップが予約等を一手にまとめている。そのため、ツアー代金の二割程度は、ホテルとアウトドア・ショップにコミッション（プラス保険料）として消えていってしまう。また、雨が降るとツアーは取りやめになるため、収入は天候に左右されやすい。それでも、毎日四、五人の申し込みはあり（多いときは二〇人位の団体が入ることもある）、設備投資と経費がほとんどかからないこの事業の収益は、貧しいモロカイ島の事業としては大きいものである。しかし、アキ氏がこのツアーに情熱を燃やしているのは、収益があるからだけではない。彼は、このツアー事業とタロ・パッチの復興事業をとおして、ネイティヴ・ハワイアンの伝統的な価値を取り戻そうとしているのである。文化ツーリズム事業は、観光客のためのサービス事業ではなく、文化復興のための教育事業と彼は断言する。[25]

彼がガイドするツアーに何度か付いていったことがある。ネイティヴ・ハワイアン全体に言えることであるが、彼の朝は早い。夜が明けぬうちから、彼は家事と軽い朝食を済ませ、集合時間の一時間前には、現地集合地点に着いて

25　先祖の土地を守り、伝統を息づかせることは正義（malama pono）なのだとアキ氏は言う。

いる。天候とトレイルの状態を確認するためだ。谷に雨が降っている場合、この時点でツアーの中止を決めるが、その場合は参加者が他の日に変更しなければ、料金は全額返却される（川が増水した場合、ツアーの途中で中止することもあったが、料金は全額返されていた）。参加者が集合した後、三〇分ほどパネルを使って谷の歴史が説明される（写真6-6）。その後は、タロ・パッチの入口にあるレレ（lele 先祖の霊を祭る簡単な神社）の手前で、レレの説明とともに、ハワイ語のチャント（詠唱）が披露される。このチャントは血族以外のものがタロ・パッチに入る許可を先祖に問う（E kala mai と呼ばれる儀式）ものなのであるが、ここで先祖から拒絶されることはない。しかし、この儀式は、参加者をネイティヴ・ハワイアンの世界の中に引き入れるのに重要な役割を持つものなのである。それは、アメリカ本土からの観光客が付与する、ハワイ文化に対するステレオタイプ「イメージ」から、この島に住むネイティヴ・ハワイアンたちが距離を取るという意味を持つ。このように、ツアーで紹介される対象への意味づけのイニシアティブは、あくまでもガイドであるアキ氏が握る。

参加者はその後タロ・パッチのあぜ道に入り、タロが先祖の時代からの株分けで引き継がれてきたものであり、だからこそタロ・パッチのある土地は売り買いされるべきモノではなく、神聖な象徴であることが説明される。[26]タロ・パッチの脇に茂っている果物等の植物についての説明も怠らないが、これらも先祖から分け与えられたものであることが強調される。その後は、裸足になって川を渡り、自分たちが苦労して作った小さなダムの説明があり、山に入って行く。山に入ると先祖の住居跡、そして住居跡の上部にはヘイアウ（神殿 heiau、土や石が積まれただけの簡素なもの）がある。ヘイアウでの儀式の説明が終わると、平和の神であるロノ（lono）に向かって許しを請う。その後再び靴を脱ぎ川を渡り、最終目的地であるヒプアプア滝（Hipuapua Falls）にたどり着く。ここでは各自が用意したランチを食べ、参加者の多くは滝壺で泳ぐ。[27]帰り道はほとんど説明はなく、通常休むことなく麓のタロ・パッチまで戻

26　土地を愛することを「malama ke aina」とアキ氏は呼び、この精神を神聖視する。
27　滝壺の水は、かなり冷たいのであるが、高齢者でも泳ぐ者が多く、いかに熱心な気持ちで参加しているかが分かる。

る。タロ・パッチの脇には小屋があり、参加者たちはそこで談笑しながら一休みし、各自の車で帰る（送り迎え等のサービスはない）。
参加者はエコ・ツアーや文化ツアーのファンが多く、ネイティヴ・ハワイアンの文化に興味を持つ、アメリカ本土から来た白人の個人客が主流である。中には、ヨーロッパから来た旅行者もいる（日本からの旅行者はほとんどいないと言う）。モロカイ島のリピーターもいて、アキ氏が質問攻めにあうこともしばしばだ。[28] アキ氏は、どの質問にも熱心に答えていたばかりでなく、アキ氏の方からも参加者に質問することもよくあった。参加者に対する彼の態度は、サービスマンとしてのそれではなく、参加者とガイドの彼とが、文化的には、あくまでも対等であるという基本姿勢を保っていた。したがって、参加者に質問がなく、ハワイの文化にあまり興味がないようならば、予定時間より早くツアーを終わらせることもあり、また反対に参加者が熱心ならば、ツアーの戻り時間が一、二時間遅れることもしばしばであった。私が滞在中にツアーに参加したスウェーデンからの旅行者は、ツアーの後もアキ氏の自宅を訪れ、ハワイのスピリチュアリティについて夜中まで講義を受けていた。[29] ツアーの参加者でハワイ文化に興味を持った者に対しては、時間を惜しまず付き合っているようだった。[30]
ハラヴァ谷にいるネイティヴ・ハワイアンたちは、旅行者にも大変オープンなのであるが、[31] 自分たちの文化を紹介するときには、誰もが少し頑固になる。二〇世紀初頭からアメリカ本土の白人たちがハリウッド映画から勝手に創造

28　助手として参加していた筆者にも、「ハワイの宗教と、日本の神道との類似点はあるのか」といったような、厳しい質問が飛ぶこともしばしばあった。
29　この講義には少しだけ筆者も参加したが、内容は人間が負っている重荷をいかに取り外すかといったものであり、時々チャントを交えながら、質問と答えの対話で話が深まっていくという禅にも似たものであった。
30　アキ氏はフラの師匠（Kumu Hula）の称号も持っており、フラやロミロミ（マッサージ）の手ほどきをすることもあると言っていた。
31　モロカイ島の住民すべてに言えるのだが、男性同士は堅く握手、女性同士、男女間ではハグを欠かさない。また、彼らは名前もすぐ覚え、二週間の滞在で筆者も島の「有名人」になっていた。

した、「楽園」イメージや「土人」イメージの押しつけを、彼らは警戒しているのである［山中，1993：92-100］。ハワイはけっして「楽園」などではなく、先祖たちが苦労して築きあげてきた「聖なる」場所なのであり、彼らは、知識のない「土人」なのではなく、土地の精霊と暮らす「覚醒した」者たちなのだ、という自負を持っている。

こういった「自負」はしばしば、白人たちに土地を奪われるのでないかという警戒感と相まって、外来者に対する不信感へとつながっていくこともある。島外から来る開発業者に対する敵対心の根底には、こういった根強い不信感がある。また、先に述べたように、人口の少ないこの島の住民たちが、伝統的に貴重な水を分け合ってきたということも、外発的な観光地化を拒絶する心性を生んできたと思われる。

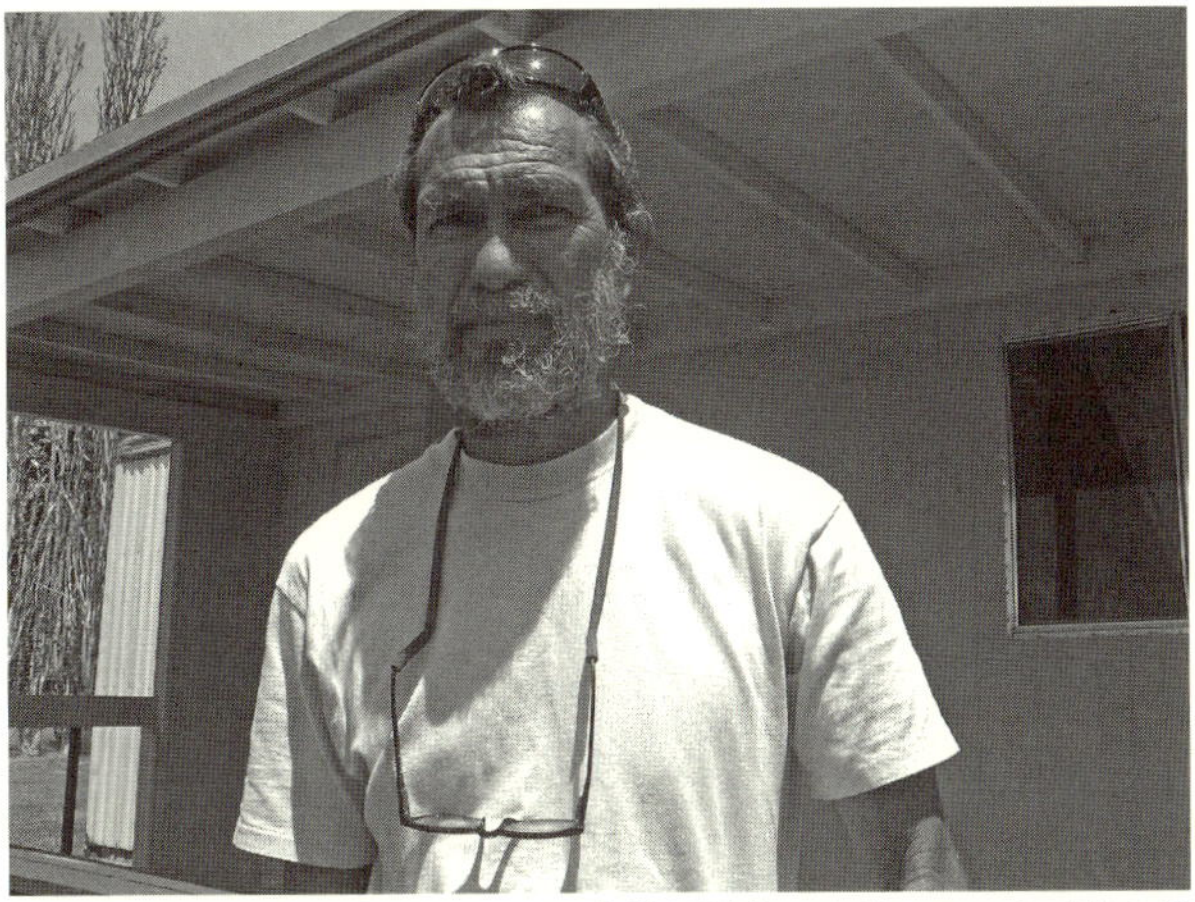

写真 6-7　ネイティヴ・ハワイアン復権運動家であり，モロカイ島の観光化反対運動家のウォルター・リティ（Walter Ritte）氏。

モロカイ島の観光地化に対して、約三〇年間抵抗運動を続けてきたウォルター・リティ（Walter Ritte）氏は、抵抗運動の意味を問う筆者の質問に次のように答えている。すなわち、モロカイ島はネイティヴ・ハワイアンの土地なのだから、自分たちが支配する権利がある。また、土地のコントロールと文化のコントロールは同じことであり、両方をコントロールできない観光開発にはことごとく反対だと言う。また、現在観光にできることは、土地と文化を守るために島民がなぜ闘っているのか、その抵抗運動について教え学ぶことだ、と彼は言い切る。住民による開発のコントロールこそが重要だと強調する彼は、住民が水問題をコントロールすることによって——住民の許可なくして外部の業者に水を使わせないということによって——島に入って来る観光業者をコントロールすべきだと言う。[32] また、モロカイ島はマウイ郡から独立し、一個の郡（州の下位）を構成すべきだという持論も展開していた。

要するに彼の思想は、物質的なもの、文化的なもの、両方を含めた自治と自立の思想なのである。島民がコントロールできないものにはすべて立ち向かうリティ氏の政治主義は、先祖の魂の伝承という主観的なものを強調するアキ氏の文化主義とは、色合いが違う。リティ氏は、七〇年代、八〇年代の島西部の開発計画に[33]、ことごとく反対してきた。アキ氏にはリティ氏の過激さはないが、ネイティヴ・ハワイアンの文化保存運動という根底ではつながっている。リティ氏が多くの島民の支持を受けているのも、島民と「伝統(復興)主義」を共有しているからであるとアキ氏は言う[34]。

現在、リティ氏は主に、教育用のフィッシュポンド(養殖池)[35]を運営し、島外の小学生から大学生を対象に、ネイティヴ・ハワイアンの伝統を守る意味と開発の弊害について教える文化ツアーを企画し実践している。筆者がインタビューに行った時にも、ハワイ大学の学生の一団が学びに来ていた。

アキ氏とリティ氏は色合いは違うものの、共通するのは、島民による、揺るぎのない文化の共有と自立の思想である。それは、島民に共有された文化(ネイティヴ・ハワイアンの文化は土地と結びついているので、同時にその象徴

32 島の重要な水源の一つ Kaalapu'u well からモロカイ・ランチへは、三九%の水が既に供給されているという。一九九〇年に策定された State Water Code では、ホーム・ステッダー(居住権のあるネイティヴ・ハワイアン)に優先的に水が供給されなくてはならないとされている。現在、水の供給制限のため、家を建てられない住民もいると言う。

33 七〇年代末には、島西部のカルアコイ地区に三万戸の住宅を建て、高速フェリーでホノルルと結ぶという計画があったが、リティ氏率いる反対運動でこの計画は頓挫した。八〇年代の日本企業やシェラトンの進出、サファリ・パーク計画、九〇年代のクルーズ船誘致計画等、ほとんどが反対運動にあい頓挫を余儀なくされている。

34 すべての島民が観光化反対の態度を持っている訳ではないが、今や観光化反対の〈フレーム〉自身がこの島のアイデンティティとなっているので、観光化に積極的に賛成する意見は表明しづらい状況にはある。

35 ネイティヴ・ハワイアンの伝統的な魚の漁法であり、遠浅の湾を石で囲って養殖用の池を作り、そこで魚(エビの養殖も有名)を養殖する。

としての土地）は、やすやすと観光客の消費の対象とはしないということを主張するものである。そのことはまた、観光客の欲しがるものを島民が用意するのではなく、島民の表現するものを観光客が共感しに来る（または学びに来る）という、サービス社会の原理とは逆の原理に基づいていることを意味している。

写真 6-8　憎いほど景観に配慮するマウイ島ラハイナの町。電線を地中化したはずの町並みに残された木の電柱は，究極の「ノスタルジー」の「演出」なのだろうかと疑ってしまう。

「マウイ島」がやってくる

以上紹介したような、観光における文化の消費化に対抗する観光は現在、新たなる危機に瀕している。近年のアメリカにおける土地バブルは[36]、ベビーブーマーの退職期と重なって、移住や長期滞在に適した温暖なリゾート地の価格の急騰を招き、ハワイ州においても、海岸に面した土地はどの島も開発し尽くされようとしている。特に、カアナパリやワイレアのような高級リゾート地、古い建物を巧みに使った、ラハイナやパイアやマカワオのような洗練された町並、ハレアカラ山のような大自然を持つマウイ島は、アメリカ本土から来る金持ち層の趣味にフィットし、彼らに絶大な人気がある。アメリカ本土からは、ニューリッチ層を中心としたリピーターが、ホノルルを経由せずに直接この島にやって

36　アメリカでは、サブプライム問題が表面化した二〇〇七年から、急速に土地バブルが崩壊しつつあるが、この調査の段階ではまだバブルの崩壊は見えていなかった。

来る。だが、近年の開発ラッシュで——と言っても自然を残し景観にも十分配慮しながら洗練された開発をするのであるが、だからこそ開発には大きな土地が必要であり——海岸に近い平地はもうほとんど買い占められてしまっている。マウイ島を開発しているデベロッパーが、海峡を挟んで対岸に見える未開発のモロカイ・ランチの遊休地に触手を伸ばすことになるにはそれほど時間はかからなかった。こうして、モロカイ島は、再度（再再度）、観光化の波に晒されようとしている。前回の失敗を教訓にした、モロカイ・ランチは、開発賛成派の住民（島民のなかのネイティヴ比率は近年急速に減少しつつあるので、賛成派も——多数派になるには至らないが——増加しつつある）を取り込みながら、西部の海岸線の土地（ラアウポイントLa'au Point）をマウイ島のリゾート地のように開発しようとしている。モロカイ・ランチは一エーカーの土地を二百ユニット売りに出す計画なのだが[37]、買われた土地は分割されて、更にまた切り売りされるだろう。そうして建設された別荘やコンドミニアムには、アメリカ本土から多くのリッチ層が住み着くだろう。その時点で、この島の多数派はネイティヴ・ハワイアンから白人へと変わってしまうだろう。また、一九七〇年代から運動家を中心に続けてきた、ネイティヴ・ハワイアンの復権運動は息の根を止められてしまうかも知れない。二〇〇六年にモロカイ・ランチは、この開発の計画を島民の委員会（Enterprise Community）のテーブルの上に出してきた。町では誰もが開発に反対しているように見える。反対派の先頭に立つリティ氏は、この問題をとおしてコミュニティがかえって生き返ったと言う。モロカイ・ランチは水問題がネックとなり、また反対派は勝利するだろうと予想する。しかし、島は失業率が依然高く、アルコール中毒、ドラッグ中毒、ギャンブル中毒[38]が蔓延している。だれもが、仕事を欲しがっている。現在、委員会では条件つき賛成派と反対派が拮抗している。モロカイ島で最も古くからある新聞「モロカイ・ディスパッチ」は、開発反対のキャンペーンを行っていたが、新しく賛成派の新聞「モロカイ・タイムズ」が発刊され、ここからは開発賛成のキャンペーンも始まった。シカゴからやって

37　一区画（一エーカー）を約百万ドルで売却する予定だと言う。
38　この島はなぜか賭けポーカーが流行っており、わざわざラスベガスからディラーを呼ぶグループまであると言う。

来たという「モロカイ・タイムス」の若き編集長は、島のサイレント・マジョリティは、開発に賛成していると言う。

数年後には、モロカイ島は、マウイ島のような、「ネイティヴ・ハワイアンの文化を大切にした」「自然にやさしい」「景観に配慮した」「洗練された」「おしゃれな」島に変身しているかもしれない。その時、ハラヴァ谷のタロ・パッチには、「観光のまなざし」がいっぱいに注がれているのだろうか。その時、ハラヴァ谷の〈魔 Zeuber〉は、消費化の力に勝てるのだろうか。

取材を終えて滞在最後の日、筆者は一人ハラヴァ谷に向かった。ハイウェイの向こうには、マウイ島カアナパリ・リゾートがきらきらと輝いて見えた。車のスピーカーからは、ハワイの人気歌手エコル Ekolu が歌う「Back to the Valley」が流れていた。

写真 6-9　ラアウ・ポイントの観光開発に反対する島民の立て看が軒先に並ぶ。

〈参考文献〉

Cohen, Erik.（1972）. Toward a Sociology of International Tourism. *Social Research*, vol.**39**: 1, 162-82.
Friaryand, Bebdure., & Glenda, Ned.（2000）. *Lonly Planet Hawaii*（5th ed.）Oakland: Lonly Planet Publications.
Maui County.（2001）. *Maui County Data Book 2001*.
Nilsen, Robert.（2003）. *Moon Handbooks Hawaii*（7th ed.）Avalon, Travel Publishing.
Schmitt, C. Robert .（2002）. Hawai'i Data Book. Honolulu:Mutual Publishing.
バーンスティン、バジル.（1996 = 2000）.『〈教育〉の社会学理論』. 法政大学出版局.
ベンヤミン、ヴァルター.（1936 = 1995）.「複製時代の芸術作品（第二稿）」『ベンヤミンコレクション1―近代の意味』（久保哲司、浅井健二郎編訳） 筑摩書房 pp.583-640.
――――（1931 = 1995）.「写真小史」『ベンヤミン・コレクション1―近代の意味』.（久保哲司、浅井健二郎編訳） 筑摩書房 pp.551-582.
潮木守一.（1974）.「教育における合理化過程」『社会学講座10 教育社会学』.（麻生誠、編） 東京大学出版会 pp.189-204.
下川裕治.（2007）.『日本を降りる若者たち』. 講談社.
須藤廣.（1996）.「教育の矛盾からの脱却に向けて」『関係の社会学』.（田中義久、編著）弘文堂 pp.195-219.
安村克己.（2004）.「観光の理論的探究をめぐる観光まなざし論の意義と限界」『「観光のまなざし」の転回―越境する観光学』.（遠藤英樹、堀野正人、編著） 春風社 pp.7-24.
山中速人.（1993）.『ハワイ』. 岩波書店.

おわりに――カヴァーの写真について

本書のカヴァーに使った写真は、タイ、メーホンソーンにあるカヤン族の観光村で筆者が撮ったものである。この写真のなかでは、首輪をつけたカヤン族の女性たちと一緒に並んでいる観光客を、観光客の一人が撮ろうとしている。筆者の意図は、写真を撮るということはどのような行為であるのかということを、この写真をとおして示すことであった。しかし、あらためてこの写真を見れば、観光客がファインダーをのぞいている様子を、ファインダー越しに見ている筆者がいることに気づく。観光客が観光地や住民に向けている「まなざし」とまさに同じ種類の「まなざし」を、筆者が観光客に向けているということも、この写真は示唆してしまっている。このファインダー越しの「まなざし」とは一体何なのだろうか。筆者の反省も込めて少し考えてみたい。

筆者が小学校の時の雑誌の付録に箱カメラキットというのがあった（針穴カメラというものも作った記憶がある）。私が組み立てたのは、外箱と内箱をずらすことにより焦点を合わせる仕組みになっていて、片方の箱には簡単なレンズがついており、片方の箱の内側にはスクリーンがあり、さらに上からスクリーンをのぞき込めるような仕組みになっていたように記憶している。[1]スクリーン上に印画紙を貼れば写真が撮れるのであるが、筆者はスクリーンに映る逆向きの外部世界を見て満足していた。箱の中のスクリーンには、縮小された外側の世界らしきものが、鮮明に映っている。それだけのことなのだが、逆向きであることの効果もあるのだろう。子どもの目には外部世界の日常の風景がいつもと違って見え、そのことが驚きであった。異化された日常への驚きとでも言おうか。この異化された世界への驚きは、すぐさま、それが日常の世界そのものなのだという別の種類の驚きによって打ち消される。カメラの内部に映っている事物は、レンズを隔てた向こう側にある事物そのものであり、上からそれをのぞき込む人間は、内箱と外箱をずらすことにより映り具合には関与できても、その世界そのものには関与することはできないという「自然の法則」の偉大さに気づかされるのである（これが教育者の意図なのだろう）。

「客観」とはこのことを指して言うのであろう。カメラとは、第一義的には、外部世界を客観的にとらえるための（そしてそれを残すための）機械なのである。すなわち、外の事物とまったく同じ事物をわれわれはカメラという箱の内側に見ることができるのである（同じであるという保障はどこにあるのだろうか、という疑問は排除される）。そして、われわれはレンズの内側の世界を外部世界と同じものとみなす。われわれがカメラの内側の世界にとどまる時、外側の世界は完全に相互の交流を失った観察対象でしかない。こうしてカメラを持ってレンズの内側の光景をのぞきにゆく観光客は、観光地を、観光地の文化を、そして住民を、単なる「見せ物」として客体化してゆく。[2]

このように考えると、カメラをとおして外部世界を客観的に観察するという態度は、車窓から風景を見る態度、塔の上から風景を見る態度と同様のものであることに気づく。この本をとおして何度も論じてきたことだが、ここには「見るもの」と「見られるもの」とが交流し、主観と客観が入り乱れ、自他が共に変容する、〈聖なる〉経験があらかじめ排除されている。近代観光は、そのテクノロジーをもって、対象を客体化する態度を観光客に涵養し、観光地もまたそのような観光客の態度によって作り変えられてきたのである。

話を始めに戻すが、ここで言いたいことはそのことではない。その態度を、観光現象の観察者である観光社会学者も持っているということが問題なのである。観光社会学者は、観光客や観光業者、あるいは観光地住民の世界から身

---

1 鳥取県大山の麓にある植田正治写真美術館には、これと同じ仕組みの大きな部屋がある。巨大レンズによってとらえられたのんびりとした外界の（大山を背景とした田園風景）姿が常時、大きなスクリーンに逆向きに映し出されている。部屋自体がカメラなのである。ここにいると外の世界とはまったく関わりを持つことなく外の風景を楽しむことができる。部屋の内部に映し出された神々しい大山は外界から自立した姿のように映し出され、さらにそれがフィルムに留められるやいなや、外界の風景の一回性（アウラ）は消滅する。ベンヤミンが示唆しているように、写真の面白さは、一回性としての「アウラ」が消滅したところから始まるのである［ベンヤミン, 1931=1995］。砂丘を好んで撮った植田正治の作品と植田正治写真美術館のカメラ部屋はそのことを訪問者に教えてくれる。

2 これは、「理念型」の話で、もちろんマッカーネルが言うように、そうではない側面もあるのだが。

を離すように気をつける。観光社会学者が観光地住民と世界を共にしていないことは言うまでもないが、同時に観光社会学者は観光客として観光地を旅しながら、観光客にもならない（なれない）[3]。観光地の住民ばかりでなく観光客も観察「対象」だからだ。

このことには、利点もある。観光業者の視点から書かれた本、行政（の観光課）の視点から書かれたのではないかと疑われるような本、あるいは観光客の視点からのみ書かれた本、こういった対象に対する「距離感」のないものが、観光学の本には確かに多過ぎると言える（視座をはっきりさせた本のなかに優れたものもあり、単純にそれがいけないということではない）。こういったものに対する批判としては、対象から「身を離して」観察するという態度を持つことがどうしても必要なのである。

しかし、それだけでは、観光社会学者のやっていることが、近代観光客のそれと同じだということになってしまう。「自己変容」を起こす可能性のある経験から身を離し、特権的なところから——ちょうど塔の上から観光地を観察する観光客のように——観光客、観光業者、観光地住民を見下ろす。ともすれば、観光社会学者はこのような態度で、すべてを対象化してしまう（これは社会学者全体の習性とも言えるのであるが）[4]。筆者はこの本のなかで、観光地を「客体化」し、それを消費社会のなかに引き入れてしまう、そういった近代観光のあり方を批判してきた。その批判が同じように観光社会学へも当てはまってしまうのである（対象を冷たく突き放して論じた本は、なかなか「商品」とはなり難いが）。

観光社会学がこの「客体化」のループから抜け出すのはどうしたらいいのか。答えは簡単にあるわけではないが、

3　フィールド・ワークとは観察対象と世界を共にすることなのだが、そのことは、完全にはあり得ない。また、それがあり得た場合においても、対象と完全に世界が同じになってしまった時には、「分析」が不可能になる。

4　社会学の社会学的批判として、社会学の「客観性」の是非をめぐる議論は続いているが、ここではその問題には立ち入らない。ただ、簡単に著者の立場を言っておけば、すべての事象から距離を取るといった態度は実はまやかしに過ぎない。世界に対し、われわれは「客観的」に向かい合うことなどできないからである。

救いがないわけでもない。この本のなかでは、筆者はできる限り、中心ではなく周辺にいる者の視点から観光を見ることを心掛けた。「観光のまなざし」の対象にされる観光地住民（のなかでも特に陽の当たらないところにいる者）、観光地やその住民を「客体化」しない（あるいはできない）観光をしている観光客（のなかでも特に「消費化」の度合いが低い者）等の視点である。今回この試みが成功しているかどうか分からない。このことに対する読者の批判は、喜んで受けたいと思う。

こう言ったら元も子もないのだが、そもそも、観光とは楽しむもので、観察したり分析したりするものではない（それは宗教とは信じるもので、観察したり分析したりするものではないのと同じである。芸術も同様）。筆者が観光社会学の領域に足を踏み入れた理由も、旅の「快楽」を得る（回復する）道筋を知りたいといった単純な動機であった。この本も結局はその単純なところに行き着く。旅の社会学（「観光社会学」とまでは言わないが）の目的は、旅の〈他者性〉と〈異化作用〉を取り戻し、それをとおして旅人たちが覚醒する道を探ること…。こう言ったら読者は身を引いてしまうだろうか。

この本で最も多く論じた「再魔術化」に関する議論に関しては特に、大学時代の恩師であり、卒業後もゼミに出席させていただいた山之内靖先生の諸著作から学ぶところが多く、強く影響を受けている。また、この本における、文化社会学的視点の根底には、大学院修士課程時代の恩師であり、その後もずっと研究仲間に入れていただいている田中義久先生の「人間的自然」に関する思想が流れていると自負している。恩師たちには感謝しても感謝しすぎることはない。

また、まえがきでも述べたが、この本の出発点は、四年前に滞在したハワイにある。ハワイ大学に私を迎えていただいた社会学部のパトリシア・スタインホフ先生には社会運動に関する視点を、観光産業学部のジャニータ・リュウ先生には観光が引き起こす社会問題に関する視点を、太平洋アジア研究学部のロニー・カーライル先生には日本の観光政策の特殊性についての視点を教えていただいた。あらためて感謝したい。また、ハワイ大学滞在中とその後、筆者が何度か訪れたモロカイ島で筆者を歓迎してくれたネイティヴ・ハワイアン文化の継承者ローレンス・アキ氏、消費社会にスポイルされる観光ではない、住民自身による観光とは何かを私に教えてくれたネイティヴ・ハワイアン復権運動家ウォルター・リティ氏からは、差別され踏みにじられた文化のどん底から這い上がる観光の在り方について教えられた。感謝したい。

日本の観光の在り方については、由布院温泉亀の井別荘の主人である中谷健太郎氏に教えられるところが多かった。また、私に由布院の情報を教えていただいた心優しい住民の方々、また調査を手伝ってくれた学生たちにも感謝したい。

そして、つたない本の企画を喜んで引き受けていただき、さらに遅れがちな原稿の執筆を忍耐強く待っていただいたナカニシヤ出版の宍倉由高氏には感謝はもとより、むしろ多大なご迷惑をお掛けしたことをお詫びしなければならないと思っている。

原稿の執筆中、何もしてあげられなかった私の家族、そしてゼミ生たちにもお詫びしたい。旅という「趣味」のために多くの人々を巻き込み、迷惑をかけていると感じている。この本を世に出すことで許してもらえたら嬉しいのだが。

二〇〇八年二月

須藤　廣

や

ら

わ

は

ま

索　引

著者紹介

須藤　廣（すどう・ひろし）

1976年　東京外国語大学外国語学部英米語学科卒業

1993年　日本大学大学院文学研究科博士後期課程社会学専攻
　　　　単位取得満期退学

現　在　北九州市立大学文学部教授
　　　　専攻：観光社会学・文化社会学・社会意識論

主著に『高校生のジェンダーとセクシュアリティ』
（編著 明石書店 2002 年）
『観光社会学—ツーリズム研究の冒険的試み』
（共著 明石書店 2005 年）
『看護と介護のための社会学』（編著 明石書店 2006 年）
『現代文化の社会学入門』
（分担執筆 ミネルヴァ書房 2007 年）ほか

共訳にスコット・ラッシュ『ポスト・モダニティの社会学』
（法政大学出版局 1997 年）

著者近影（中央）フエ・ビンジュオン・ゲストハウスにて，同宿の方々と。

観光化する社会——観光社会学の理論と応用

2012 年 3 月 10 日　初版第 2 刷発行

定価はカヴァーに
表示してあります

著　者　須藤　廣
発行者　中西健夫
発行所　株式会社ナカニシヤ出版
〒 606-8161　京都市左京区一乗寺木ノ本町15番地
Telephone 075-723-0111
Facsimile 075-723-0095
Website http://www.nakanishiya.co.jp/
Email iihon-ippai@nakanishiya.co.jp
郵便振替　01030-0-13128

装幀＝白沢　正／印刷＝ファインワークス／製本＝兼文堂

ISBN978-4-7795-0256-9

文化地理学ガイダンス
あたりまえを読み解く三段活用

中川　正・森　正人・神田孝治　著

身近なギモンをガクモンに変えたいあなたへ。知識そのものではなく、知識をどう活かすかを教える、自分の興味から研究を始めたい学生のために。身近な文化・社会現象を扱うことによって、多様な興味を削ぐことなく、地理学のおもしろさと使いかたが学べる文化地理学の格好の入門書！

A5判・二〇八頁・二五二〇円

動きながら識る、関わりながら考える
心理学における質的研究の実践

伊藤哲司・能智正博・田中共子　編

近年注目の「質的研究」の実践的テキスト。フィールドに入る研究者に必要な心構えから、そこでテーマを発見・分析し「研究」としてまとめるステップまで具体的に解説。卒業論文指導にも最適。

B5判・二六〇頁・二九四〇円

人間科学研究法ハンドブック［第2版］

高橋順一・渡辺文夫・大渕憲一　編著

人間科学全般にわたった実証研究の方法論と技法を網羅。卒論・修論（指導）必携。伝統的な学問体系の壁を打破し、新たな発想で課題に取り組むための「知の技法」。

B5判・二九八頁・二九四〇円

基礎から学ぶマルチレベルモデル
入り組んだ文脈から新たな理論を創出するための統計手法

イタ・クレフト、ジャン・デ・リウー　著
小野寺孝義　編訳
岩田　昇・菱村　豊・長谷川　孝治・村山　航　訳

社会科学や行動科学で非常に一般的に見つけることのできる階層的なデータ構造を取り扱うマルチレベルモデルを易しく、かつ懇切丁寧に解説。MLwiN、HLM、SPSS Mixed、Rなどのマルチレベルモデルを分析するために必須の各ソフトウェアを操作する方法まで詳しく説明。

B5判・二一〇頁・三一五〇円

多変量データ解析法
心理・教育・社会系のための入門

足立浩平　著

①できるだけ数式を使わない、②原理のエッセンスを伝える、③必要最小限の記述で効率よく学ぶ、三つの基本方針により因子分析や構造方程式モデリングなど多変量解析を使いこなすためのガイダンスを集約。各章九〇分の講義を想定。

B５判・一七六頁・二七三〇円

わかる・使える多変量データ解析

神宮英夫・土田昌司　著

複雑に絡み合った糸を易々と解きほぐす！　統計をあくまでも道具と位置づけ、結果をわかりやすく説得力をもって他者に伝えることができることを目的にしたコンパクトな入門。

A５判・九六頁・一二六〇円

音楽文化学のすすめ
いま、ここにある音楽を理解するために

小西潤子・仲万美子・志村　哲　編

音楽はこれまでどのように研究されてきたのか。音楽を注意深く聴きながらその文化に目を向けた瞬間に立ち現れてくることとは——文化現象としての音楽への多彩なアプローチ法を示す、音楽文化学への誘い。

A５判・二七八頁・二六二五円

知のリテラシー　文化

葉口英子・河田　学・ウスビ・サコ　編

マンガにはじまり、ファッション、映画、音楽、建築、写真、絵画、美術工芸品、食文化、スポーツまで、身近なはずの「一〇の文化」に潜む「なぜ？」「なに？」を、やさしく丁寧に解き明かす。全く新しい角度から体験するスリリングな「文化」の入門テキスト。

A５判・二四〇頁・二六二五円